JN062320

おいしいもんには理由(わけ)がある

土井善晴

まえがき

なぜおいしくなるのか。どうしておいしくならないのかをずっと考えていたのです。その答えが見つかるまで、ずっと頭に置いておくと、ある日、ふと気づいて、「ああ、そうか」とわかるのです。

お天道様の秩序に導かれ、地球の大自然に育まれ、自然と私たち人間の健全な関係に、おいしいものは生まれます。

そのおいしさの背景には、人々のあたたかさと思いやりが必ず一緒にあるんです。

人間の暮らしから生まれた伝統文化は、地球とつながっています。伝統をなくしてはいけないのは、一度失えばもう二度と再生できないからです。人間が新しく作り出したものは、地球上でなくても成立するようです。地球の自然のおかげで、人間は息を吸って、走って、火を使って料理して生きてきました。だから地球は大前提、地球でなきゃ駄目なんです。

大自然を背景に、歴史をつなぐ。

美しいもの、おいしいものとひとの暮らしはワンセット。この連載のもとになった雑誌「ひととき」の取材は、聖地を訪れるような旅でした。

ここには通常の情報誌では得られない、おいしさの理由を書きました。

「ひととき」の旅で出会った人は、皆さん、昔から知っている人のようでした。信頼できるし、偉そうにしないし、あたたかくて、また会いたいなぁ、と思う。今度は家族と来たいなぁと、いつも思いました。

自然とともに一生懸命生きる人間と、そこに生まれる暮らしの中でしか、美しいものとおいしいものは生まれません。仕事と道具に美しさが表れるところに、ほんとうにおいしいものがあるのです。

土井善晴

目次

北海道・東北

日高昆布は万能昆布

だしによし、食べてよしの海の贈りもの

北海道えりも町

以前、札幌市の南西にあるニセコ町から洞爺湖町をめぐったことがあります。縄文時代の入江・高砂貝塚を見て、内浦湾を眺めて歩きました。海岸に打ち上げられた昆布を見つけて、大昔から昆布を食べていたんだろうなと想像しました。

『萱野茂のアイヌ語辞典』（三省堂）によると、昆布は、フーン、ネイタ、ネ、ヤッカ、コンプ、リカなど10以上の名称があります。私たちが稲を、籾、玄米、白米、ご飯、粥と言うように、深く関わり親しみある食材には呼び方がたくさんあるものです。アイヌにはコンププシという食べ方があって、昆布をこんがり炙って、汁鍋の仕上げに入れるとおいしい汁になるとあります。実際炙ってみると、ぷくぷくと膨らんで、小

北海道の背骨とも呼ばれる日高山脈の最南端に伸びる襟裳岬。風が強く、暖流と寒流がぶつかる海域だ

さな瘤(こぶ)がいくつもできる。ニセコ町近くの山間にある「昆布駅」の名の由来はトコンポヌプリ（小さな瘤山）と記されています。アイヌ語のコンプ（コンポ）には瘤の意味があって、昆布の語源になったのかなあ。アイヌの家族が火を囲んで、「小さなコンプができるまで焼くんだよ」って膨んだ様子を子供に見せたのでしょう。

昆布と日本料理の親しい関係

私が育った大阪の家庭の鍋といえば水炊きです。下準備は、土鍋に水を張って昆布を1枚浸しおくだけ。骨ごとぶつ切りにして冬菜と煮るのが「鶏の水炊き」。鯛のお頭と切り身なら「鯛ちり」です。素材がよければ、煮汁には、味付けをしないのが水炊き（ちり）。大阪には味噌汁を飲む習慣はあまりなく、吸い物文化の土地柄です。大阪名物「椀刺(わんさし)」は、刺身と吸い物の意。椀におぼろ昆布を入れて、湯を注ぎ薄口醤油をたらせばお吸い物。そこに焼いた餅を入れると即席の雑煮で

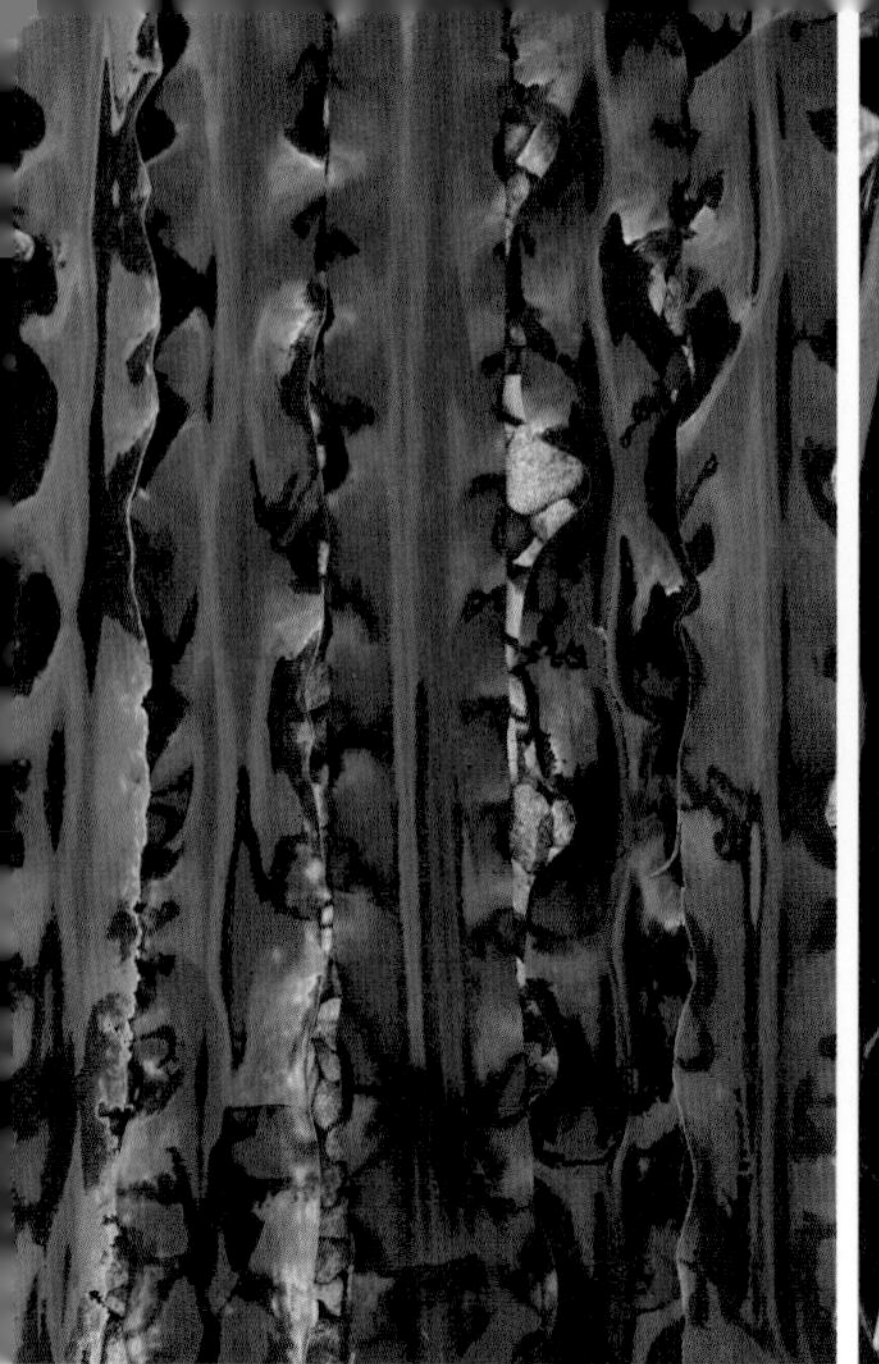

ツヤツヤと輝く昆布。「日高昆布」のなかでも、襟裳産の昆布は漁獲が多く、質も高いと言われている

す。魚介の汁にも必ず昆布を入れて潮汁に仕立てる。昆布を敷いて豆腐や魚介を蒸せば「松前蒸し」、醤油に昆布を浸せば松前醤油。おやつは酢昆布。お茶漬けは塩昆布。正月には身欠ニシンを巻いた縁起物の「こん巻き」（昆布巻き）が欠かせません。バッテラ（鯖寿司）同様、鏡餅にも白板昆布を重ねます。

日本人がこれほど旨味を好むのは、懐石料理が発展した大阪の食文化の土台に昆布があるからだと思います。北海道の産物を扱っていた近江商人が取り仕切った北前船は、日本海側を通っ

川﨑尚子さん(右)。えりも漁協女性部長を務めるなど、多方面でご活躍。逞しく日焼けした夫の幸一さんと、二人三脚でえりもの漁業を盛り立てている

て北海道と大阪を往復するのが基本の航路。上りは昆布やニシン、下りは瀬戸内の物産を積んで合理的な商いができました。江戸・明治と社会が豊かになるにつれ、昆布の需要は増えて、北前船一艘で千両(6千万円〜1億円)の商売があったらしい。帆布が丈夫になると、年に2往復したそうです。帆船を持ち商才があれば、だれもが大富豪になる夢をもてたようです。

昆布と生きる襟裳の漁師

今回は、昆布漁の解禁日にあわせ、襟裳岬の昆布漁師さんを訪ねました。襟裳岬はミツイシコンブ(標準和名)の産地。ここで採れた昆布は日高昆布の名称で市場に出回ります。帯広から車で100キロ、2時間もかかりました。浜に到着して車を降りると、いきなり強い海風にあおられてびっくり。こんな日は白波が立ち、海には出られません。昆布漁最盛期の夏、漁師の家族はみんな浜の昆布小屋に寝泊まりする

干し上げたばかりの昆布は驚くほどに強い香り

そうです。昆布漁師・川﨑尚子さんご夫婦の夏の家でお話を伺いました。

昆布漁の期間は大体3カ月あっても、漁ができる日はわずか20日くらいとか。すべてはお天気次第だそうです。採った昆布は天日に当てて1日で乾燥させた方が、小屋の中で干すよりも仕上がりがよい。昆布を干すのは、沿岸にきれいな砂利を敷き詰めた干場。昆布採りの道具は海の深さや漁場に応じていろいろで、中には、長い棒の先にスパゲティをくるくる巻き取るようなフォークがついたものもある。浜によって、小舟に1人（または2人）と決められ、操業は3～4時間。川﨑さんの地区はサイレンでその日の出漁可否が示されます。

漁が始まれば、ご主人の幸一さんと息子の高志さんが船に乗り、満杯になれば浜に戻る。尚子さんは大急ぎで荷下ろしして、また船を海に返す。浜では一家総出で、お願いした手伝いさんと、昆布を束ねて根を切り、敷き並べます。尚子さんは、みんなの朝ご飯の支度やらで、

川﨑さんの昆布番屋を訪問。あさりの味噌汁には細い切り昆布が入っており、磯の風味たっぷり

深夜1時には起きると言う。浜の仕事を終えた昼すぎでも、「浜は昆布の絨毯を敷いたみたいよ！」とお元気。

尚子さんが子供の頃から、昆布はおやつで、子供の口に入れてやると食べてしまうそうです。やってみると、文句なしに旨い。現代人の健康にすこぶるよいでしょう。尚子さんは、話をしながら、居間と台所を往復し、次々と手料理を運んでくれます。パリパリした昆布の素揚げ、切り昆布をまぶしたとびきり鮮度のいい真つぶ貝の刺身、切り昆布とあさりの味噌汁。作り慣れた鮭の切り身を芯にした昆布巻きのおいしさにびっくり。聞けばこういう巻き物は3等級か4等級くらいの昆布で作るものだそうです。そのくらいが、厚みがちょうどよくて、柔らかく煮えるとのこと。

干し上げた昆布は、総じて、厚く、黒々として艶がよいのが評価が高い。襟裳の日高昆布は6段階の等級に選別し、長さを揃えて束ね出荷する。一方、名高い羅臼や利尻では、干した昆布を湿らせて巻き取り、

川﨑さんの息子・高志さんが昆布小屋で7メートルほどもある干したままの昆布の長さを切り揃え、等級ごとに束ねていた。小屋はとても濃い昆布アロマに満ちている

機械で伸して、板で押し、真っ平に整える。姿を整えるのは、等級の高い昆布を、縁起物の贈答用に見栄えよくして欲しいという、大阪の問屋の要求に答えたものでした。そうとは知らない私は、きちっと伸した分厚い昆布はだし用の上物。一方、しなやかな棒状の日高昆布は、だし昆布とは区別して、煮物用と思っていました。しかし、それは間違いで、日高昆布もよいだしが取れます。それに、日頃だしを取った後の昆布は無用と捨てていました。それを尚子さんが「食べるもん捨てたらもったいない。

洗濯バサミで挟んで乾かして、油で揚げたらいいよ」と教えてくれました。

高価な昆布を吟味して味にこだわる料亭もありますが、家庭では、料理屋の真似をして煮立つ前に昆布を取り出す必要もありません。私も昆布は汁の味をよくする食材とし、丸ごと食べるものと考えを改め、もう捨てません。昆布と野菜を水煮して、味噌を溶けば、味噌汁です。柔らかくなった昆布もおいしく食べられます。昆布を味噌汁の具にするようになってから、お腹の調子がとてもよくなりました。

襟裳岬の昆布漁を見て、人間は、容赦ない風を吹かせる大自然の恵みで生きていることを教えられました。襟裳の人々は、強く、美しく、大自然に溶けこむように働いて、優しい笑みをくれました。

家族総出の昆布漁は、えりも町の夏の風景。船は浜に着いたらすぐに昆布をおろしてすぐ次の漁に出る。干場では女性たちが日の当たる場所で昆布を広げ、乾燥させる。浜は一面、昆布でいっぱいになった

出羽、芽吹きの山菜

出羽三山の豪雪に耐えて芽吹いた山菜は、はつらつとして風味のある、感動の味

山形県西川町・鶴岡市

修験道における擬死再生（死と再生）の儀礼を行う場である出羽三山。江戸時代に流行した出羽三山詣は、西の伊勢参り、東の奥参り（出羽三山参り）と言われるほど多くの参拝者があったそうです。

「出羽三山」とは、月山（がっさん）、羽黒山（はぐろさん）、湯殿山（ゆどのさん）の3つのお山の総称。羽黒山は通年参拝が可能、湯殿山は5月初めに開山、主峰である月山は雪深く、7月初めから9月半ばまでの期間だけ開山します（＊）。月山の祭神は月読命で農業神。別名「臥牛山（がぎゅうさん）」とも呼ばれるのは、麓からの山容が、米を作る人間のよきパートナーである牛が臥したように見えるからだそうです。

今回は、修験道も命の糧にした月山の山菜を目当てに、まず、山形県

歴史ある佇まいが
目を引く出羽屋

の西川町間沢にある出羽屋さんを訪れました。

登拝口の山菜宿

出羽三山への登拝口のひとつである間沢は、登拝客のために大正時代に敷かれた三山線（1974年に廃線）の終着駅であり、出羽屋はそれらの行者（おぎょうさま）を泊める宿でした。車社会へと変化するにつれ、間沢は宿場町としての機能を失って、出羽屋も行者宿から山菜料理の店になり、暖簾を守ってきたのです。三山線開通に合わせて創業した往時のままの玄関屋根には、「出羽屋旅館」の看板。立派な篆刻を見上げながら館に入ると、いっぺんに山に来たという気持ちになりました。2代目の故・佐藤邦治氏の妻で大女将の喜久子さん（取材時92歳）が着物姿で迎えてくださいました。22歳の時に嫁入りして以来、今も出羽屋の看板娘。喜久子さんの姿に、常連客は、翌日から始まる登拝に備えて元気をいただくのです。

出羽屋の名物、月山山菜そば(右)は、麺を取り分け、山菜がたっぷり入ったつゆを掛けていただく。左は大女将の佐藤喜久子さん

月山山麓に位置する西川町は、全国有数の豪雪地帯。1年のうち半年は雪に埋もれる山国ですが、そのおかげで「山のもの」が豊かに育ちます。邦治氏が著した『出羽屋の山菜料理』（求龍堂）には数々の山菜料理につつましく解説が添えられています。巻末の一文に、「今では趣味食として持て囃される山菜ですが、そもそも飢えをしのぐための糧物という意味合いの濃い物でした。ふきやうど、山ゆりなど今ではその風味が珍重される山菜も、乏しい穀類を何とか増やすための増量材だったのです」とありました。行者宿の山菜料理しか知らなかった邦治氏は、終戦後、近所の農家の人たちが食べていた山菜の拵え方を教えてもらって「出羽屋の山菜料理」が生まれました。

さて、時分（じぶん）どき。女将の明美さんに案内されて、名物の「月山山菜そば」をいただきました。たっぷりの山菜と鶏肉を煮た熱い汁を、冷たいそばにかけていただきます。

かつては客が来ると、素朴な太くて黒いそばを女性が打っていたそ

出羽屋近くの山菜畑で、ぷっくり張りのよいタラの芽を収穫！

うです。地鶏を潰し、野菜と煮た汁は、鶏の脂が溶けて旨い。その山菜そばを邦治氏が地元の飲食店で出せるようにと工夫したのだとか。

実は、山菜そばは基本的に中国産の水煮を使用していると思って食べるのを避けていたほど、私は山菜にはうるさい食べ手を自認しています。でも、この月山山菜そばには、近くの山で採れたナメコ、キクラゲ、フキ、ゼンマイ、ワラビなどがふんだんに入る。天然のキノコや山菜がもつ独特の滑りがとろみになって、冷たいそばでも汁が冷めにくい。上手くしたものです。

午後はかねてより希望していた山菜採り。出羽屋から1キロほど離れたところに、出羽屋に山菜を届けておられる渋谷保男さんの山菜を採る山があります。斜面の細い道を車で上がると、コブシの白い花の咲く広々とした景色のいいところに出ました。まずは深呼吸。まだ冷たい早春の空気は、東京の空気

出羽屋の夕食は、もちろん旬の山菜づくし。春から夏は瑞々しい山菜、秋は新米やきの、冬は鴨鍋や熊まで楽しませてくれる

と比べて、断然おいしい。

目に入ったのは、春の大地にピンピン突っ立った、数十本のタラノキ。先っぽには、幼子の拳ほどある丸々した芽がありました。棘のあるもの、ないものがあるのはどういうわけでしょう。渋谷さんが私に捥がしてやろうと、高い枝を下げてくださるのはありがたいのですが、しんどくなるほどたくさんあるのです。

いや、それにしてもこの景色は美しい。散策すると、コシアブラ、コゴミ、クレソン、ゼンマイと次々に現れ、散策の終着点では足元に紫のカタクリの群生を見つけたのです。思いがけないお山の歓迎にうれしくなりました。

出羽屋の夕食は想像以上に豪華なものでした。喜久子さんの孫で社長の治樹さんと、若女将の悠美さんがもてなしてくれるお山のおかずのフルコースです。イヌドウナ、ミヤマイラクサ、ウルイ、シオデ、ギョウジャニンニクそれぞれのおひたし、コゴミの胡麻和え、タラの芽の切り和え……書ききれません。いろんなものを混ぜこぜにしないで、山菜の一つ一つを味わうことが、大昔からある料理の観念なのです。

館内には、大阪万博の「太陽の塔」で知られる芸術家、岡本太郎氏が「美味山菜」と添えた直筆の色紙がありました。聞けば、岡本氏がスキーヤーの三浦雄一郎氏と月山へスキーに行く時は、出羽屋が定宿だったそうです。ホンダの創業者・本田宗一郎氏も、気分転換したい時には、出羽屋までヘリコプターで飛んできたとか。ここは月山の入り口、生まれかわりの宿なのです。

月山の厳しさが旨い山菜を育む

取材時は月山が山開きになるまでの準備期間であったため、月山山頂にある頂上小屋を営む芳賀竹志（はがたけし）さんに月山ビジターセンターでお会いすることができたのはラッキーでした。月山の山菜を採ってきてくださった上に、その場で手際よくパパっと料理してくれたのです。

月山頂上小屋のご主人で山菜名人の芳賀竹志さん（右）が作るブナハリタケごはん。甘い香りがかぐわしいきのこ

「コゴミの胡麻和え」はイチヤコゴミに少量のアブラコゴミを合わせたもの。「イヌドウナのおひたし」「ブナハリタケのごはん」「シドケのけんちん（豆腐炒め）」。それと「月山筍と厚揚げのお汁」。これには感動。月山筍とはネマガリタケのことですが、生で齧（かじ）ってもえぐみがない。「7カ月余り続く酷寒の時を優しく包み込む」豪雪によって、ネマガリタケは「十分な養分を蓄え休眠。（中略）万全整い6月の雪開けを待つ。その時融雪を促すのは（中略）シトシトと来る梅雨である。この梅雨がネマガリタケを柔らかくし、一段と味わい深いものに育てる」（『月山山菜の記』芳賀竹志著）。これぞ月山の山菜、身震いするようなおいしさでした。

「山にあるもの」で生きてきた人々、月山の信仰の意味がとてもよくわかる旅でした。

＊　その年の雪等の状況により、開山時期は前後します

出羽三山は日本の中でも特に雪深いエリア。待ちに待った雪解けとともに現れる山菜は、自然の力をたっぷり蓄えている。その味わいは、ほんのりとした苦みと溌剌とした個性豊かな瑞々しさに満ち、春のよろこびを教えてくれる。右頁は、芳賀さんが作ってくれた月山筍と厚揚げの味噌汁。

関東・中部

一子相伝、江戸の佃煮

佃煮の元祖・鮒佐（浅草橋）の仕事場を訪ねました

東京都台東区

もう15年前になりますが、ある雑誌に「土井善晴のこの人に会いたい」という連載ページがありました。どなたか会いたい人がないかと編集部から聞かれていた折、朝食の白粥のおかずに、知人からいただいた鮒佐（ふなさ）の佃煮を何の気なしに食べ、ハッとしました。「この佃煮を作った人にお会いしたい、間違いないから」と編集部に言ったのです。鮒佐のご主人がどんな人か、どんなお店かも知らなかったのですが、早速プロデューサーがお店に偵察にいってくださって、「すばらしいお店、すばらしいご主人でした」とすぐに話が決まりました。なぜ良い店だとわかったのか。それは、その佃煮の味も姿も、何もかもが澄んでいたからです。

5代目大野佐吉さん。具材を似た煮籠を高く上げて振り下ろし、しっかり煮汁を切る

鮒佐からほど近い柳橋近くには屋形船が停泊し、江戸の名残をとどめている

浅草瓦町で鮒の雀焼きを商っていた鮒佐の初代・大野（おおの）佐吉（さきち）は、隅田川河口に釣りに出て暴風雨に遭い、佃島（つくだじま）（現在の東京都中央区佃）に避難しました。文久２（１８６２）年、佃島の漁民が作っていた塩煮をまだ高価だった醤油で煮たのが「鮒佐」の始まり。以来鮒佐の歴代当主は、佐吉を名乗るように決められました。「他所に行って悪い癖をつけてくるな。家で学べ」というのがその理由。現在の5代目当主は、生まれた時より親しんだ名前を捨て、「佐吉になったら、いつもご先祖様に見張られている気がした」そうです。

創業当時の漁の様子が商品の掛け紙に描かれています。江戸の海は自然そのもので都の豊かな人の営みの隣にありました。江戸前の四季折々の漁場では、たくさんとれた小魚を無駄にしないように思案したのでしょう。人の暮らしと自然の関わりがどれほど生き生きとしていたのかと想像するだけでもドキドキします。さぞかし美しい眺めだったでしょう。

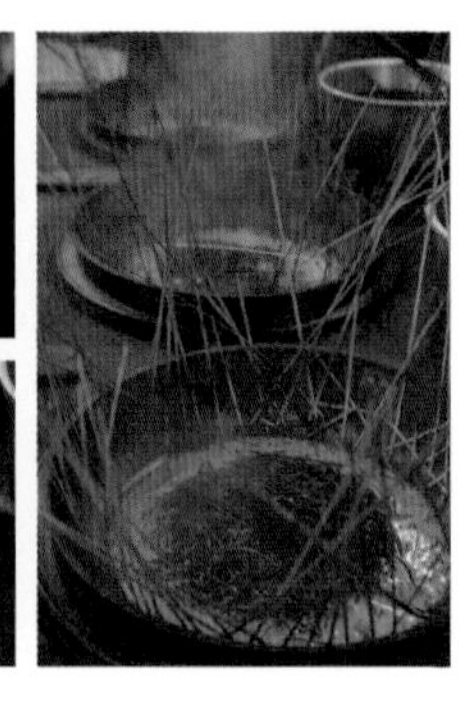

鮒佐では竈と薪を使い、経験と勘で、食材ごとに異なる火加減をうまく扱う

鮒佐の佃煮は、先人の知恵の積み重ねの上にあります。佃煮は、レシピも冷蔵庫もない時代に、雑魚をおいしく長く食べられるように創意工夫を重ねた結果、できあがったものなのです。雑魚を下ごしらえして醤油と水で煮る、手に入った砂糖を加えて食べやすい甘みを付ける、冷まして熱を取る。結果、腐りにくく雑味のない佃煮が出来上がりました。

さらには、薪の火の扱いから清潔を保つ道具の片付けに至るまで、鮒佐の厨房には、日本人の調理にまつわる知恵が存分に生かされています。

つまり、鮒佐の仕事は、先祖の人の振る舞いに倣(なら)って生まれたおいしさであり、自然の恵みや火(熱源)、時間を粗末にしないという考えの上に成り立っているといえるでしょう。結果は表層的なことですが、こうした表にはあらわれないプロセスこそが秘伝なのです。

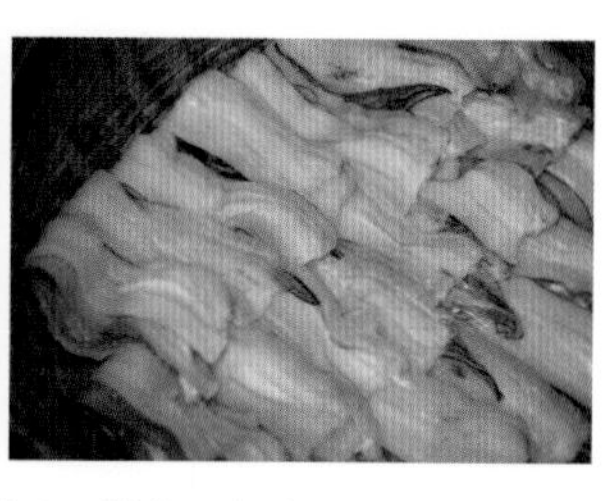

江戸前の海老（左）と穴子。昔も今も、鮒佐の佃煮は東京湾の幸を使う

江戸時代から変わらぬ佃煮作り

鮒佐の厨房は、東京・日本橋から浅草へと延びる江戸通りから奥まった建物の土間にあり、昔ながらの道具が使われています。煮炊きの熱源は、レンガをモルタルで固めた竈（かまど）にくべた楢（なら）の薪。薪をくべる火口は鋳物で、煮炊きの鍋は鉄。煮汁をきる笊（ざる）や杓（しゃく）は竹製。

早朝、佃煮作りが始まると薪がカランッと投げられ、しんとした空気が動き出す。パチパチと薪の爆（は）ぜる音、食材を煮る煮汁の細やかな泡がシューッと鍋の淵まで噴き上がる音。ここには近代的な金属音はありません。

家庭で佃煮を煮る場合、煮汁を無駄にしないように、煮詰めて仕上げます。それも悪くありませんが、味が重くなりがち。鮒佐では毎日繰りかえし多種の食材（基本は海老、しらす、穴子、浅蜊（あさり）、牛蒡（ごぼう）、昆布）を煮ます。大事に使われてきたひとつの煮汁に都度、醤油を補って、

大野佐吉さん(右から5番目)と、その右に息子の真徳(まさのり)さん。鮒佐の佃煮づくりは一家の仕事だ。5代目のお母様(右から3番目)、奥様(同7番目)、娘さん(同2番目)も店を支える

泳がせるように煮る。煮上げは素材により8～20分程度の短時間で、笊にとって煮汁をきる。この煮汁を大切に残し、また翌日から佃煮を煮ていく。初代が半世紀以上の間大切にしてきた煮汁は、関東大震災で失われてしまいましたが、現在使っている煮汁もその後70年の間、注ぎ足され守られてきたものだそうです。

素材によって変化する煮汁の特徴を生かしたり殺したりしながら煮る方法を、当主の佐吉さんは「味を壊す・味を戻す」と表現します。旨いだし汁がでる浅蜊の後には、牛蒡や水分の多い昆布を煮て味を壊す。穴子を煮て脂が出れば、残しておいた元の煮汁をブレンドして味を戻す。絶えず煮汁は変化するのですが、それを調整して守っているのは佐吉さんの経験と勘、身体感覚です。

佐吉さんは、味見は一切しません。味見をするとその日の自分に合わせてしまうからだそうです。味のバランスを頭で考えてしまうのだと思います。「初めてお会いした15年前と何か変わりましたか」とお尋

ねしたらおもしろい答えが返ってきました。

長くやっていると、悪い意味での慣れもあるだろうと思って、ある時期、初心に返ろうと気持ちを改めて厨房に立ったそうです。作業を始めたら、身体が固くなってどうもうまくいかない。しばらくやって

上から時計回りに、しらす、昆布と浅蜊、海老と牛蒡

みて、結局何も考えないでやることだ、と思ったそうです。

鍋の火入れが終われば、煮籠（にかご）ごと引き上げ、笊に移して煮汁をきり、佃煮を広げて冷ます。鍋をタワシで洗い、竃に戻し、煮汁を注ぎ整え、すでに水切りをすませた材料をまた鍋に入れ、三つの火口を使って煮ていきます。最後のひと鍋を煮る間、役目を終えた道具は洗い上げられ、風通しよく重ねられていきます。竃の残りの火を無駄にしないように、お釜に水を張って湯を沸かす。床を掃き清め、水を流して拭き取れば、今日の片付けと明日の仕事の準備が終わっているのです。これが始末をつけるということですね。そこには次の作業のためにすべてが整えられるという秩序があるのです。

鮒佐では、男は厨房にいて、家族の女が表の物販を仕切ります。店の中は整然と片付け、使った帳面はまっすぐに置く。どんな小さな行いも気持ちよく、良き佃煮を作る元になって、またその先にある良き人と、良き店、それに良き暮らしを作るのだと思います。

鮒佐の佃煮は清らかさを求めた醤油煮です。塩気はむやみに嫌われる時代ですが、このしょっぱさは必然です。防腐剤を入れ塩気を弱めた佃煮が多い中で、鮒佐の揺るぎない安心感こそが、本当の美味。本物は、現代の人にも伝わると私は信じています。

豊かな醤油の風味が食欲をそそる鮒佐の佃煮。見た目は濃いが、素材の味がすっきりと生きており、ご飯が進む逸品だ。土井さんは赤飯に、ゴマ塩の代わりにこちらの佃煮を合わせるのが好みとか。写真は「曲げ物４号サイズ」（5,520円）

コク豊かな、国産落花生

関東ローム層の土壌が育てた名産品

千葉県八街市

まだ幼い頃（昭和30年代）のことです。「食べ過ぎたら鼻血が出るよ」「芽は毒だから食べたらあかんよ」と、近所のお母さんが莢を割って出してくれた落花生の実を、薄皮を剥いて2つに割り、芽を取りながら食べたのを覚えています。

手作りのほかには、今のようにきれいな箱に入ったお菓子はなくて、おやつといえば、氷砂糖、干しバナナ、おかき、それに父がたまに買ってきてくれる天津甘栗。うれしかったのは、桃やパイン、みかんの缶詰で、そんな中にピーナツもありました。ピーナツに親しみを感じたのは、双子のデュオ「ザ・ピーナッツ」が人気を博していたからかなあ。

ピーナツとは落花生の実。落下傘（パラシュート）のように、枝にぶら

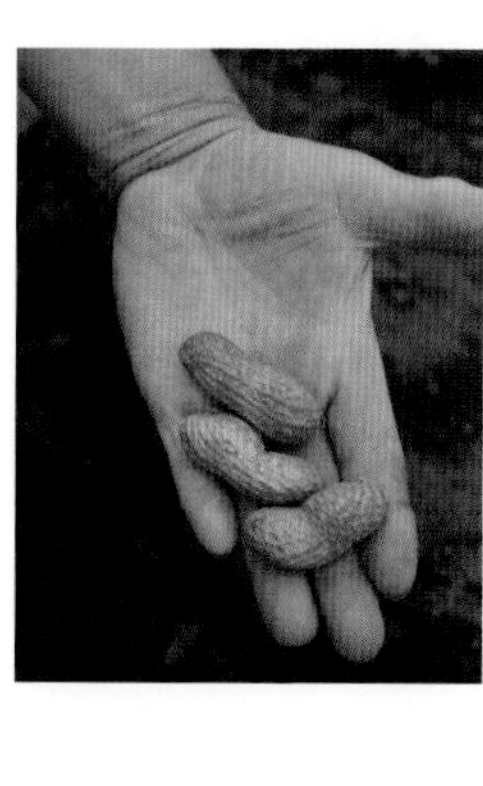

秋に収穫を迎える落花生。千葉県八街市はその名産地

下がってなる木の実だと思っていたのは私だけですか。

落花生にも色々あります

近年は、生落花生を塩水でボイルした「茹で落花生」も出回っています。白っぽく、しっとり柔らかく、甘くておいしいものです。これが出回るのは初秋の一時。私はそれが落花生の旬だと思っていたのですが、編集部から取材を打診されたのは、11月初旬。今ごろ落花生の名産地・千葉県八街市(やちまたし)を訪ねて、いったい何があるのだろうと、少々疑いを持ちつつ、落花生の加工・販売をされている「豆処(まめどころ) 生形(うぶかた)」を訪ねました。

ずらりと落花生の製品が並ぶ店舗。ご主人の生形健一さんと奥様の淑子さんにご挨拶して、思いつく限りの質問をしたのです。そこですぐにわかったのは、落花生の芽や薄皮はポリフェノールがいっぱいで、食べた方がいいし、おいしいこと。また、「茹で落花生」として出荷す

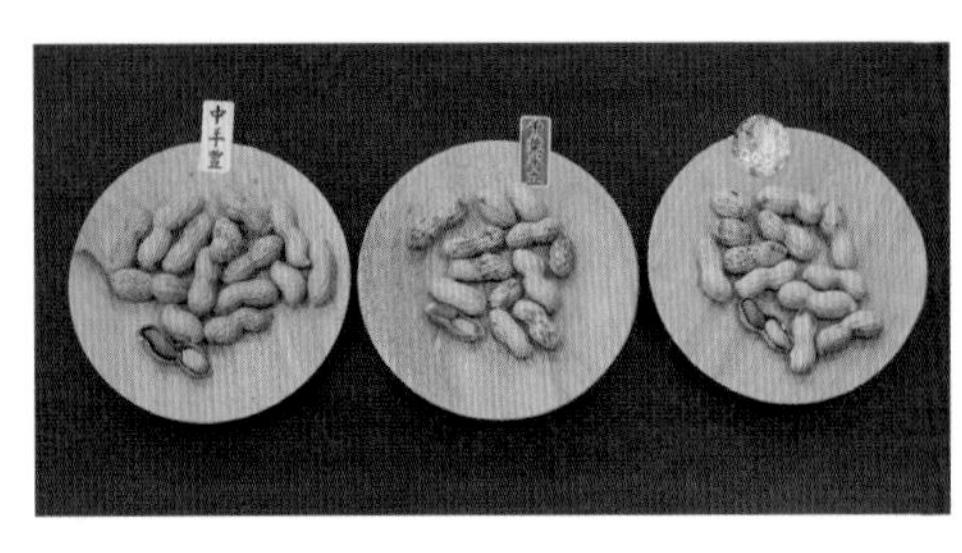

品種によって味わいもさまざま

るのは水分の多い柔らかな「オオマサリ」という新品種だけであること。オオマサリは早生種なので、確かに取材時には旬は終わっていたのですが、11月に入ると、今度は煎りピーナツに適した品種の収穫が始まるのだそうです。古くから作られている「中手豊（なかてゆたか）」や「千葉半立（ちばはんだち）」、最近誕生した「Qナッツ」など、品種もさまざま。皆さまご存じでしたか、落花生にも色々あるのです。知らなかったなぁ（汗）。

生形さんに導かれて店の裏に回ってみると、野菜畑の真ん中に設けられたすのこ棚の四角い枠の中で大量の落花生が天日に干されていました。朝日にあたった落花生は輝いて見えます。美しい食材を見て、私のテンションは一気に上がったのです。

ここで生形さんご夫妻と一緒に写真を撮ることにしたら、お店から大勢の落花生美人がぞろぞろ。えっ、スタッフの方がこんなに大勢いらっしゃったんですね。皆さん明るく健康的で、いい笑顔の写真が撮れました。彼女たちは手作業で、落花生を煎る前にも煎った後にも悪

収穫後、まずは天日干し

い豆を取り出し、選別しているのです。これは、乾物の小豆を選って上等の粒餡を作る和菓子屋の大事な仕事と同じです。

落花生のおいしさは、昔ながらの天日乾燥と手間を惜しまぬことと、煎り加減や煎った後の冷まし・包装などの工程でコンディションを維持して食味を落とさぬようにする配慮によるのです。

それなりに落花生のことがわかって少しホッとしていたら、近所にある生形さんの同級生・深澤一哉さんの落花生畑を見せていただけることになりました。

落花生は、5月中旬から6月中旬に種蒔きして、夏に黄色い花が次々と咲きます。花が萎むとそこから子房柄と呼ばれる茎が伸びて地中に潜り、土の中で実をつけるのです。「花」を「落」とした後に「生」まれる落花生。なんと落花生とは、お芋のように地面の中で生まれるお豆です。

種を蒔いてから4カ月、実が充実したものから順に掘り出し、土の

収穫後の落花生を
野積みした「ぼっち」

上にひっくり返して1週間ほど「地干し」しながら熟成させます。収穫後、干さないと湿気で腐るのは玉葱と同じです。落花生畑の黒い土と、横に植えられた若い人参の葉の緑のコントラストが美しく、のどかな気分になりました。

生形さん、深澤さん、私の3人が昔からの知り合いのように並んで話しながら奥の方まで歩いて行くと、収穫した落花生を枝ごと積み上げて頭に稲藁をかぶせ、お椀を伏せたような形に整えてありました。この可愛らしいのを「ぼっち」というそうです。「ぼっち」にしてからひと月を目安にしますが、ここにあるのは10月20日に掘り上げたもので、12月15日くらいまではこのまま置いておくそうです。ずいぶん向こうの方まで点々と、たくさんの「ぼっち」がありました。昔から変わらない晩秋の八街の風景です。ゴッホの《プロヴァンスの収穫期》という絵とよく似たこの景色、いや、それ以上だと思います。もしこの季節の八街にゴッホさんがいらしたら、大喜びだと思います。

伊藤国平商店のピーナツペースト。御影石のローラーで作る滑らかさが人気

一級品のピーナツペースト

落花生をさまざまに加工販売されている八街の老舗「伊藤国平商店（いとうくにへい）」にやってまいりました。奥の工房に招かれて驚いたのが、年代物の無骨な鉄の機械。ノズルからピーナツのミンチを絞り出し、ローラーの上に落としていきます。ぴっちりほとんど隙間のない、3本のローラーのうち細めの2本の内側に、ミンチを引き込むように回転させて取り込みながらすり潰し、滑らかなペースト状にして、もう1本の太めのローラーの下部に送り込み、さらに滑らかにすります。電信柱ほどの太さの御影石のローラーで、極めてキメの細かいピーナツペーストに仕上げます。御影石の円柱形のローラーは今では作れない代物だそうです。こちらのお店では、無糖のほか、粉砂糖を加えたものと、そこに砕いたピーナツを加えた粒入りがあります。

伊藤国平商店の店先は、素朴ないい感じ。店構えも全く気取りがあ

りません。すりつぶしたピーナッツの用途や好みは色々でしょう。そして、こちらのピーナッツペーストは乳化しているため口当たりが滑らかで、私の知る限り人生最高、極上のピーナッツペーストでした。ひとつ極まれば、すべて良くなるものですから、お店に並ぶさまざまなピーナッツ製品も間違いないと思います。いやそれにしても、八街で出会った人たちのご機嫌なこと。伊藤国平商店の皆さんの気さくさにつられて、いつもよりたくさんお土産を買ってしまいました。

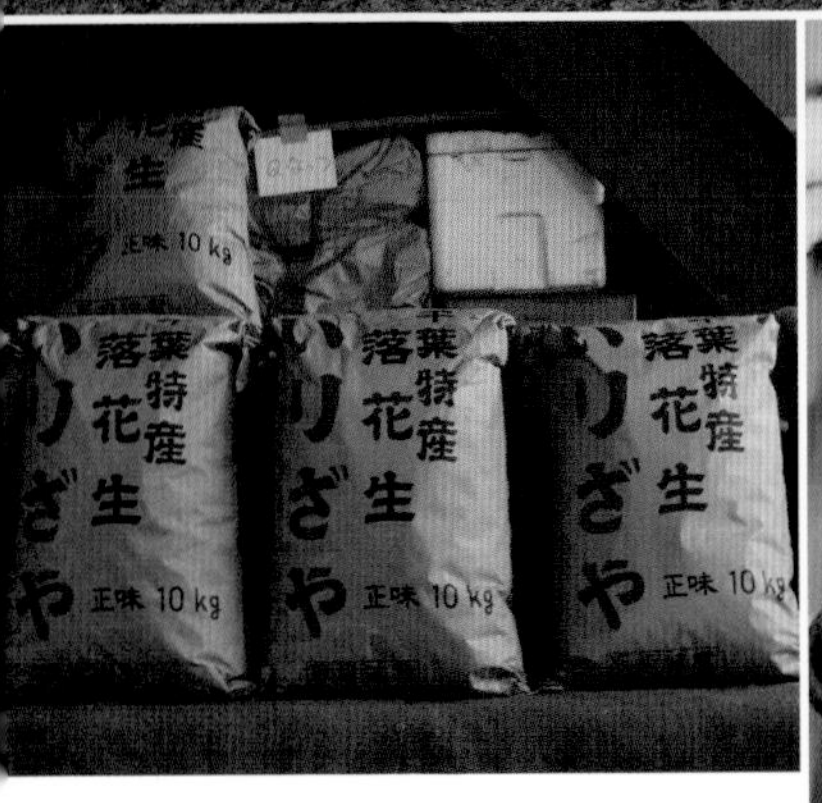

生形商店の落花生は、さんさんと陽を浴びて育った、甘みとコクが際立つおいしさ。収穫した落花生を一粒一粒手でより分け、大切に袋詰めしていく従業員の皆さんは和気あいあいとして、取材するこちらまで笑顔に。何気なく食べている落花生のことを深く知ることができた

天下人を育んだ味噌

徳川家康が好んだ老熟の養生食

愛知県岡崎市

「馬鹿なことを言う者の言葉も、きちんと聴いてやるべし。さもなければ、諫めてくれる者まで、何も言わなくなる」「決断はさほど難しくない。問題はその前の熟慮」「どうにもならない時は、四つ辻へ立って、杖の倒れた方へ歩む」。岡崎を訪ね、ただ事でない八丁味噌の味噌蔵を見て、改めて家康が残した言葉を読みました。いや知らなかった。家康には真理に至る並外れた思考があったのです。

岡崎城と八帖町の間にある中岡崎駅は、JR名古屋駅から車で1時間半ほど、地元の人と交われる電車やバスを乗り継いで向かうのも楽しいと思います。地元のおじさんも並んで求める「あん巻き」にも出会えます。

八丁味噌蔵「まるや八丁味噌」「カクキュー」が並ぶ通り

江戸時代の初期、お城から西へ八丁(約870メートル)の「八丁村」(現岡崎市八帖町)に、旧東海道を境にして南側に「まるや」、北側に「カクキュー」という2軒の味噌屋がありました。この村名から、すでにお城との深い関わりが感じられます。旧東海道に立って、板塀に挟まれた味噌蔵の風情をご覧ください。

家康は美食は月に2度もあればよいと、麦飯と「五菜三根」(根菜三種・青菜五種)を煮込んだ味噌汁を常とし、厳しく健康に留意して「長寿こそ勝ち残りの源」という言葉も残しています。手前味噌ですみませんが、拙著『一汁一菜でよいという提案』はこういうスタイルの食事の提案です。ですから、実践すればダイエットどころか、心身の充実を感じられるようになると、私にも経験的にわかります。当時の健康留意の第一は自らの「身体に聴く」ことでしょう。家康の深い思考の実現はその徹底した健康法から始まったと思います。家康が16人の子を授かり、75歳の長寿を得ることで、天下を治め、徳川幕府の礎を築けた

「まるや八丁味噌」社長の浅井信太郎さん(左)。本社では味噌の販売も

のも、そのぶれない観念と論理的思考を実現した内部生活の深さあってのこと、家康はたいそう幸福だったと思います。

味噌の種類は主原料によって、「米味噌」「豆味噌」「麦味噌」に分類されます。一般的に「赤味噌」と言われる米味噌は、米麹に塩と蒸した大豆を合わせて長期間熟成させたもの。米味噌のなかでも、茹でてアクを抜いた大豆に、たっぷりの米麹と塩を合わせ熟成期間をとらないのが、ハレの日にいただく「白味噌」です。九州地方に多い「麦味噌」は、蒸した大豆に麦麹を合わせて、赤味噌同様によく醸したものです。色の黒い八丁味噌は「豆味噌」のひとつです。蒸した豆を原料にして、潰し味噌玉をこしらえ、吊るして乾かし自然にある菌がつくのを待って、塩水を加えて、長期熟成させて造られました。唐時代、大陸から、僧侶によって伝えられた味噌の大本です。お寿司屋さんの味噌汁といえば濃い色の赤だしはご存じでしょう。「赤だし味噌」は豆味噌（よいものは八丁味噌）に米味噌をブレンドした味噌で、だしを添加したもの

豆のうま味が凝縮された「まるや八丁味噌」の味噌

ではありません。

信念で守り抜いた唯一無二の味

「まるや八丁味噌」社長の浅井信太郎さんにお話を伺い、味噌蔵をご案内いただきました。それまで恥ずかしながら、八丁味噌は豆味噌の一つで、土地の名を冠したものと思っていました。いや、製法の大きな違いは水分量にありますが、製造思想から違うのです。八丁味噌は仕込み水が少ないために、熟成に年月がかかりできる量も少ない、品質を極めたものです。庶民感覚からすれば、度を超えた高級味噌。1939（昭和14）年には「贅沢品だ。売りたいなら塩と水を増やして売れ」と糾弾されたのです。しかし、八丁味噌は、何があっても作り方を変えないと、武士のように潔く戦後5年間、製造・販売を中止し「休業宣言」をしました。

私の認識では、かつて年間消費量ひとり1斗（約1・8キロ）もあった味噌の仕込みは、一家の命を支える大事な大仕事、隣近所が協力しあって仕込んだと聞きました。時代が下り、家で仕込むのが大変になると、酒の蔵元や麹屋や協同組合が仕込みを代行するようになるのです。ですから、３５０年前の他の土地に味噌屋はないと思うのです。「まるや」と「カクキュー」の2軒は、日本最古の味噌の専門店。すなわち、家康の情熱が造らせた味噌屋だと思うのです。

味噌蔵に入ると、大きな木桶がずらりと並び、丸い川石が円錐状に積まれています。これは殿様仕事としか思えない圧巻の見事さです。お城の石垣を造る石工に、川石を集めて石垣のごとく積ませたのでしょう。よそでは途絶えてしまった石積みの技術も、八丁味噌の2軒には専属の石積みの棟梁が伝承しておられる。蒸した大豆をゲンコツ大に丸め、日本にしかない麹菌（学名アスペルギルスオリゼー）を振り、乾かした味噌玉を砕いて塩水を注ぎ、木桶で2年以上「二夏二冬」熟成させます。浅井さんは、八丁味噌は「老熟」だとおっしゃる。なるほ

八丁味噌が味の決め手、
名古屋・山本屋総本店の
味噌煮込みうどん

ど、目先の利益を考えずホトトギスが鳴くまで待つのです。八丁味噌あっての家康の質素倹約の精神の実現でしょう。八丁味噌は備え、いや徳川の銀行だと思います。

総じてよい味噌と悪い味噌の違いは熟成期間の長さによるのです。長期間よく醸された味噌は、油を使った超高温、長時間の加熱という化学変化に強いのです。中でも八丁味噌は、木桶から取り出したまま常温で2～3年おいても問題なし、ずば抜けて安定感が強い。南極観測隊にも携行され、そのうち宇宙にだって行くでしょう。浅井さんによれば、様々な加工に強みのある八丁味噌の可能性は、早くに欧米から注目され、いまでは、取引の10パーセントにもなるのだそうです。チェルノブイリに大量に輸出したスーパーフードは、まさに、今世界が求めるものなのです(＊)。

帰路、名古屋に戻り、「味噌煮込みうどん」の山本屋総本家で、「どこのお味噌をお使いですか」と尋ねたら、「カクキューさんです」と教え

とくに中部地方で好まれる八丁味噌は、徳川家康も愛した深い味わい。今も石積みの製法で味噌づくりを続けるまるや八丁味噌は、岡崎という歴史町に根付いた矜持を体現しているような店だった

てくれました。岡崎の八丁味噌は他に染まらぬ「色」だと思います。お吸い物を水臭く感じさせてしまうほどコクが強い。現代的な酸味は味の膨らみをつくり、肉のように旨い。その味は名古屋の若者を引きつけます。八丁味噌は、未来に残すべき、かけがえのない有形・無形の世界文化遺産です。まさに味噌の王様と言ってもよいと思います。

＊味噌は放射性物質を体外に排出させる作用をもっていることが確かめられている

百万石の加賀料理

石川県金沢市

豊かな恵みに支えられた土産土法の風土

伝統工芸の礎を築いた加賀の文化

私にとって金沢といえば、伝統工芸の街でした。能登の輪島を含め、周囲にある山中漆器、九谷の焼物を訪ねて、幾度も足を運んだところです。

20代の料理修業時代、北大路魯山人の著作集をよく読んでいました。魯山人によると「日本料理の勉強の半分は料理の着物である器の研究だ」というのです。魯山人は山代温泉の須田菁華窯や山中漆器の職人に習い、自身が顧問を務めた料亭・星ヶ岡茶寮で用いる器を作りました。加賀金箔を生かして、太陽と月を、金・銀の円で表した「日月椀」も、ここ金沢で生まれました。

和の趣溢れる
ひがし茶屋街
をぶらり散策

魯山人は、大家の美術作品にとどまらず、文化人の住む家やその人物、あらゆる対象を酷評し、自ら生きづらくしたことはよく知られています。それでも「小生の作品は総て下手の横好き、むしろ小生は批評に長ずる自信がある」と嘯いていました。残された論評でも、ほとんど人を褒めることはしていませんが、茶(道)をふまえた日本人好みという立場にたった着眼点、洞察力は、その綿密な語りぶりからして、まんざら嘘ではないように思います。そんな魯山人が、古九谷青手・色絵を、「豪快であり、すこぶる雅、世界中の焼物の前にだんぜん優越を感ずる。人間味に富んだ趣のある点が我が国産として大いに誇られる」と、手放しで褒めているのです。私は古九谷の名品を見るために、金沢市内にある「石川県立美術館」を、度々訪ねたものです。

金沢の気候が育んだ精神的風土

アップル社の創業者スティーブ・ジョブズが大学で禅を学び、近代に

豊かな加賀野菜にも恵まれた金沢。金沢春菊（中央の葉物）や甘い太ねぎは滋味深く、個性的。料理人も腕の振るい甲斐がある

活躍した仏教学者・鈴木大拙から影響を受けたことは有名です。金沢に行けば「鈴木大拙館」に必ず足を運ぶという友人によると、ここは訪問者自身が考えることを意図して設計された建築が、気持ち良いのだそうです。

鈴木大拙を生んだ金沢は、古代から大陸との交流が盛んで、白山信仰という豊かな精神文化を育む風土がありました。夏は高温多湿・冬は豪雪という厳しい自然にも感謝し、知恵を働かせ、自然の変化を味方にして豊かな暮らしを実現していたのです。そのため藩政期の金沢は、江戸、大阪、京都に次いで人口が多かったそうです。

１５８３（天保11）年の前田利家の金沢入城以後は、軍事的に各藩を厳しく監視していた幕府の挑発に乗らぬように、伝統工芸の礎を築き、学問や芸道を奨励する文化政策で、百万石の城下町を造ったのです。豊かな財政はなんと半数が武士という人口構成を作り、消費が奨励され、恵まれた海の幸、山の幸を求める客を招き、客をもてなす、と

大友楼は人目を引く、風格ある佇まい

いう料亭文化が金沢に生まれました。

金沢は、今では美食のほかにアートの街としても知られており、２００４年の「金沢21世紀美術館」の開館は、金沢の文化的街づくりの伝統を象徴するものでした。穏やかで美しい美術館の建築コンセプトは、活気を生み出す装置として、持続性のある強いインパクトを与えました。ちなみにここにある「タレルの部屋」はとても気持ちが良くて、私のお気に入りです。

加賀料理の真髄とは

さて今回は、金沢の中心部、尾山神社近くにある、老舗料亭を代表する「大友楼（おおともろう）」にまいりました。大友楼は１８３０（天保元）年創業、加賀藩の御膳所御料理方に代々務め、代々料理頭も務めました。趣深い虫籠窓（むしごまど）に赤壁を用いた茶屋建築の正面に立って眺めると、脇の梅の古木と緑の植え込みに映えて、なんとも良い風情で迎えてくれます。

加賀料理の真髄。手前は鯛の唐蒸し。奥は、豪華な金蒔絵の盆に盛り込んだ前菜。左奥から時計回りに、九谷色絵の小蓋物に生イカのわたあえ、赤絵の小鉢に卵黄味噌漬、鮭燻製のアスパラ巻きとその横にばい貝、そら豆、からすみ、どじょう串焼き

店に入ると「御料理」と染め抜かれた暖簾

門をくぐるとステンドグラスを通した赤い光が艶っぽい。磨きこまれた檜の小上がりには御二階に客を上げる赤い毛氈（もうせん）が敷かれた階段。その脇には、館の奥へ導く、外露地のような石畳があります。粒そろいの黒い玉砂利に四角い敷石とアクセントになる丸石や大きな赤石の飛び石に、隅々まできれいに水が打たれ、内外の灯りを反射する美しい景色は、想像以上に長く続きます。

奥の座敷に案内していただき、ご主人の大友佐俊（さとし）さんにお話を伺いながら、食事をいただきました。この頃、古九谷は伊万里だと言われますが、と話を向けると、「伊万里だとしても、古九谷は前田家の美意識、金沢で用いられた器です」と、どこで焼かれたかなんてどうだっていいと魯山人と同じことを仰る。

さてお料理は、ある程度型にはまった懐石料理かと思っていたらまったく違ったものでした。まずお膳に載せて運ばれたのは金沢の郷土料理「じぶ」。じぶとは、ジブジブと煮る台所の音。治部煮（じぶに）として知

ご主人の大友左俊さん（左）は、加賀料理に関する文献を数多く所蔵することでも知られ、江戸時代の加賀藩料理人・舟木伝内が残したレシピ帳「千賀羅久佐」（右写真の中央）も所蔵

られているのは、わかりやすくする都合上、当て字をしたもので、かつて、献立はすべて仮名で書かれたものだと、前田家のハレとケの両方に及ぶ献立帳を拝見しながら教えていただきました。味わうと「じぶ」は、私の知る治部煮と違って、えらいおいしい。大友さん曰く、「そのとろみは小麦粉のホワイトソースの感じ」。なるほど、初めにじぶが出されるのは、懐石におけるご飯がわり、お酒の前の養いです。

大友楼らしい「鯛の唐蒸し」は九谷焼の大鉢に尾を跳ね上げて盛られ、取り皿に古九谷の絵皿が添えられます。まるまるした鯛の詰めものはおから。意外なほどの口当たりの滑らかさは、2時間以上の火入れによります。格の高い鯛と庶民的なおからという不釣り合いな取り合わせは、位の上の者から下の者まで皆が食べられるようにという、人々の暮らしの工夫に違いありません。鯛の皮が破れているのも「皮の裂け目は鮮度の良

さの証、これが自慢です」（大友さん）

金箔に象徴される加賀百万石を〝雅と豪華〟とばかりに捉えていたのですが、大友楼の料理から金沢の真髄が少し見えたように思います。加賀百万石前田家の料理は、京都や江戸の仕事を真似ることはなく、加賀武士の母親がこしらえたハレの日の料理をそのまま客にふるまったのです。豊かな恵みに支えられ、土産土法（どさんどほう）に徹したがゆえに、その素朴、その力強さを失わないのです。だから、あのゴッホの絵と並べて評される美術品、古九谷の大鉢に盛りこんでも、堂々として見事に調和するのです。加賀において、古九谷は飾り物ではなかったように思います。

「せっかく金沢まで来てくださったのだから、たっぷり食べなさい」とご主人は繰り返し仰る。料亭に限らず金沢の食べもん屋さんでは、昔の母親の手料理と同じ愛情を今も伝えているように思います。

優しいとろみのじぶ（右頁）は、専用の蓋物（治部煮椀）で供される。春夏秋冬それぞれの季節によって具は異なり、取材時（3月上旬）は、鴨、しいたけ、ほうれん草。絢爛たる文化を生み出しながら、その実は質実剛健。加賀文化の真髄が表れた、大友楼の料理

ぴり辛きわ立つ、奥飛騨山椒

奥飛騨の一部でしか育たない「高原山椒」の、華やかな辛さと香り

岐阜県高山市

和食では、「香りはひとつ」が約束事。西洋のように複数の香りを重ねることは、七味や鰹のタタキの薬味といった例外はあるものの、原則としてありません。それが、豊かな自然を背景に生まれた素材を生かすという、日本独特の食文化です。清らかさを重んじる和食では、何もないところにふと現れ、さらりと消えてなくなる香りは、ごくわずかな時間を豊かにします。目で見る、触れる、音で感じとる喜びもありますが、香りは長く忘れていた記憶を呼び覚まし、心の一番深いところと結びつくのです。

旬の種（具材）を入れた汁物に添えるのは、彩りの青みと、季節の香り。この香りは「吸い口」と呼ばれます。ちなみに、和え物や煮物の上

にちょこんと載せる香りや彩りは「天盛り（てんもり）」です。和食では、山椒と柚子、この2つの植物で一年の四季の移ろいを表します。それぞれの新芽、花、若い実、熟した実の乾物まで、それぞれが季節を象徴する香りになるのです。

山椒には雌雄の別があり、実のなる雌木と、雄花の咲く雄木があります。花山椒（木の芽）は芽吹きの後の数日間が採取の適期。ひと月ほどすれば、雌木が青い実をつけます。出始めの実山椒の核はまだ白く、きれいな緑が際立ちます。核がお歯黒になると実山椒の季節は終わりです。夏、山椒の実は熟し始め、9月、気温が下がると実は赤く染まります。実を乾燥させて粉にしたものが、七味や粉山椒として通年の薬味になるのです。

噂に聞く、奥飛騨の山椒を求めて

さて今回は、名高い飛騨高山の山椒の里を訪ねました。早朝に都内

飛騨高山エリアで穫れる高原山椒は、特に辛みと香りが際立つことで知られる

を出て、奥飛騨温泉郷に到着したのは時分どき、目当てにしていた蕎麦屋さんがお休みで、後で訪ねる製造元「飛騨山椒」のお隣の食堂に入ることになりました。お店では、ローカロリーでヘルシーそうな飛騨牛の「もつ煮込み定食」を勧められ、地元の常連客も皆食べているのを見て、これなら間違いない、と注文しました。煮込みに薬味は付きものと、そばにあった飛騨山椒の「山椒粉」を多めにふりかけ、おいしくいただきました。もつ煮に山椒は実によく合います。

約束の時間よりも早めでしたが、飛騨山椒社長の内藤一彦さんは快く招き入れてくださいました。部屋に入ると、さまざまな山椒をご用意くださっています。論より証拠、さっそく試食、いや、聴香（？）が始まりました。まずは、石臼で搗き込んで粉にした定番の山椒粉で、さっきもつ煮にかけたもの。読者の皆さんもご存じのすっきりとした清涼感のある香り。粉山椒の単体聴香は初めての経験で難しい。舌に載せると一層香りが上がり、たぶん、極上というべきかも。しばらく

さんさんと照る陽を
あてて、しっかりと
山椒を乾燥させる

間をおいて、ピリピリと心地よい痺れを感じました。

香りが強い山椒が採れるのは、奥飛騨の気候風土によるのでしょうと、内藤社長が控えめにお答えくださる。標高800メートルのきれいな水に恵まれた半径5キロほどの地域に自生していた「高原山椒」という品種は、飛騨高山で採れる山椒と比較しても香りが強いのだそうです。地元では山椒を食す習慣はありませんでしたが、江戸時代に天領だった奥飛騨の山椒を、当地の郡代（*）が将軍家に献上していたそう喜ばれたことから、特産品になったそうです。

春の遅い奥飛騨では5月初旬が花山椒の適期、社員総出の摘み取り作業で大忙しになるそうです。

内藤さんが間をおかず、「こちらをどうぞ」と、ご自慢の「ミル付き粒山椒」を示される。ミルで挽きたての山椒は、細かい粉状や荒削りになった実の皮のヒラヒラなど、挽きムラがあって見た目にも美しく、香りもまた迫力あり。飛騨山椒が扱う山椒のなかで珍しいのは赤山椒

試しに山椒の実を噛むも、このあとしばらく痺れに苦しむ……

で、中国料理では麻婆豆腐に欠かせない花椒に見た目が似ています。赤山椒を試してみると、香りが長く持続し、間をおいて訪れる刺激もピリッピリッピリッと小太鼓を打つように迫ってきます。「いや、これはかなりのもん……痺れる痺れる」と苦しみにひたれば、内藤さんはいたってお喜びのご様子で「ありがとうございます」と、ていねいに礼を言われるのです(笑)。

フランスの食品展示会に出向かれたこともあるそうですが、山椒はチーズにも合うと大ウケ。確かに、鴨のローストに鴨の血のソースがかかった伝統料理やジビエには、赤山椒を添えて食べてみたい。奥飛騨の粗挽きペッパー（赤山椒）ステーキで、大いに痺れてもらえばと話が弾みます。

さて、工房の仕事を見せていただきました。天日の干し場には、約1メートル四方の細かい網(あみ)すのこが100枚くらいありました。お天気がいい日は天日で実を乾かし、工房内の干し棚では、ここから近い

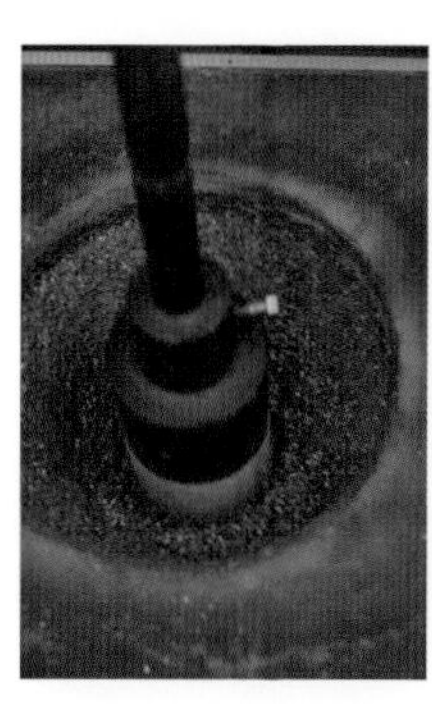

飛騨山椒には社内に工場がある。左は臼で粉山椒を作るようす。右はミル用の赤山椒を従業員が手で選りわけている

北アルプス・焼岳の温泉熱を利用した床暖房で乾燥を促します。そうやって天日干しと陰干しを繰り返し、水分量が10パーセント以下になるまで乾燥させるそうです。

それを管理するのは、仕事をリタイアしてから飛騨山椒に働きに来ている、いかにも元気なおじさんたち。「お元気ですね」と声をかけたら、「山椒の香りに包まれていると、肉が食べたくなるからだ。わっはっは」ですって。

飛騨山椒から徒歩3分ほどの山椒畑を見せていただきました。木になっている山椒の実を噛むと、水分が口中に全体に広がって痺れまくりです。畑では脚立に乗って、ほっかむりをした摘み取りの名人3人衆が、山椒摘みをしておられました。そのうち92歳の平田勉さんと81歳(取材時)の岩見たか子さんはご兄妹です。お三方は手早く作業をなさっていました。ご挨拶したら、「山椒食べたら元気になるよー、山椒は目にいいの。うなぎにかけて食べなさい。春は花山椒、6月は佃

まぶしい日差しのなか、楽しみながら山椒を積む岩見たか子さん

飛騨山椒の山椒商品

煮用の山椒、夏が青い実山椒、秋は赤山椒。昼間に山椒仕事をすれば、夜ぐっすり眠れて、朝はパッと起きれるよー。元気元気、山椒さまさま！」

すっごく楽しいたか子さんに会えてよかったなあ、うれしかったなあ。ほんと元気をもらいました。

摘み取って乾燥させた山椒は、手作業で一粒一粒、軸から外し、ていねいに実を取り出します。注文数を聞いてから臼で搗いて、粉にして出荷されるそうです。

後日談ですが、ミル付き粒山椒の赤、チャーハンやパスタ、鶏肝の炊いたん、豆菓子にまでふりかけて、いよいよ楽しませてもらっています。

＊　江戸幕府の職名。直轄領を支配した

宮川朝市や歴史の町として知られる飛騨高山から車で1時間、奥飛騨の山間にある飛騨山椒の山椒は、その華やかな辛さで全国にファンをもつ。訪れてみると、周囲は一面の山。清水が流れ、すがすがしい空気に満ちている。寒暖差のある気候とこの環境が、独特の山椒の味を育てるのだと納得

近畿

赤福餅と伊勢参り

三重県伊勢市

300年以上、参拝客を癒す素朴な餅菓子

3月の早朝、伊勢市駅近くの宿を出て、今回の取材先・赤福へ向かいました。タクシーに乗って、ぼんやりと車窓を眺めていたのですが、ふと「きれいだな！」と感じて、目が覚めました。あっ、そうか、お伊勢さんのある街に来たんだ。地方の見慣れた街並みなのに、姿勢を正しているように感じたのです。

伊勢神宮の内宮（ないくう）近くにある赤福 本店に着いたのは、まだ人の少ない7時頃。電信柱のない、空気の澄んだおはらい町は気持ちがよくて、私はしばらく店の前に佇んでいました。

店に入ると、湯を沸かす立派な朱塗りの竈（かまど）が美しい。掃除が行き届いたお帳場、壁際にお茶の焙じ機とおどひん（土瓶）が並び、湯呑が木

お土産にいただくと思わず顔がほころぶ、ピンクの掛け紙。300年以上も愛されてきた、驚くべきロングセラー商品だ

桶に湯煎されて豊かな湯気を立てています。帳場の脇に、餅作りの仕事を見せる部屋が一つ。奥に進むと両側に客をもてなす畳敷きの大座敷があります。赤い毛氈（もうせん）が敷かれた座敷の縁側に腰かけると、目の前には、春兆す朝の光にキラキラと輝く五十鈴川（いすずがわ）の流れがありました。「到来の赤福餅や伊勢の春」。子規もここに腰掛けて句を詠んだのでしょうか。熱いほうじ茶と赤い餅を頂く清々しい心地よさは、早春の寒さを忘れるほどでした。

赤福の心は、「施行」

赤福餅が、日本人なら誰でも知っている餅菓子ということに、異論はないと思います。関西の方なら、白黒テレビの頃から、「伊勢の名物赤福餅は　ええじゃないか♪」のコマーシャルを見ていたのではないでしょうか。長らく日本人に愛されてきたその理由を、濱田朋恵さん（株式会社赤福　取締役）に伺うことができました。赤福は、伊勢神宮の

五十鈴川沿いに建つ赤福本店は明治時代創建。早朝からお客さんが絶えない

開門（5時）と同時に店を開け、夕刻の閉門（17時）まで365日営業しています。朋恵さんは伊賀から嫁いで以来、毎朝4時に起きているそうです。「嫁ぐまで4時まで寝ないことはあっても、起きることはなかったのに（笑）」と仰るから、いっぺんに親しみが湧きました。

創業は1707（宝永4）年。その心は「施行（せぎょう）」にあります。施行とは、お伊勢参りの旅人が無事に念願を果たせるよう、道中を人々がお世話することです。旅人はお世話になった人のお蔭であることを忘れないように、お伊勢参りを「お蔭参り」と呼びました。赤福の始まりは、人の為になることが幸せの道と信じた市井（しせい）の人の心なんですね。江戸時代のお伊勢参りは、開放感も手伝って夢のように楽しい旅だったでしょう。赤福餅の甘さに疲れを癒し、きっとお代わりしたと思います。

朋恵さんの義理の曽祖母は、赤福中興の祖として尊敬を集めた人でした。戦中戦後、赤福餅の原材料が揃わなくなると、代用品でごまか

濱田朋恵取締役。「伊勢に根付いた暮らしの秩序を守りながら、時代に合ったおいしさを提供していきたい」

さず、五年間、きっぱり営業をやめてしまいます。その潔さが、赤福の精神と信頼を一層強くしたのです。苦しい時代を乗り越え、誰もが知る店となった赤福は、1993(平成5)年、江戸時代の伊勢の街並みを内宮前に再現し、観光の名所となるおかげ横丁を作りました。地域の活性化に大きく貢献できたのも、毎日地道に繰り返される施行の結果。広く知られた、もっての外の難事の時にも、施行をいただいた全国の赤福ファンが支えたのです。

赤福餅は、白い餅に赤いこし餡をのせたお餅です。こし餡の原材料は、砂糖と小豆。一般的には、小豆を柔らかく茹で、手揉みで皮を剥き、何時間も流水にさらします。小豆を入れた袋の水気を絞ってできた「さらし餡」に純度の高い白砂糖を加えて火を入れ、ゆっくり練りあげたのがこし餡です。粒餡とは異なり、こし餡は食べられる皮を剥いて、水によくさらし、小豆の色や旨味、風味を抜いて和らげるのです。伊勢神宮に向かう旅人のための餅ゆえに、神様のお供えを作るように、

餅入れさん。素早くブレのない動きで赤福餅を作る

皮を除き、清い水にさらすことに意味があります。清めた結果が黒みの抜けた赤い餡です。

出来上がった餅に餡をつけて形にするのは「餅入れさん」と呼ばれる女性。赤福餅は彼女らの指形で五十鈴川の流れを象(かたど)っています。多くの旅人を待たせないよう、作業は手早く、かつ素直な感謝の気持ちを伝える美しい姿を作らねばなりません。赤福餅の形状は、仕事の流れから生まれた無作為の美しさです。

伊勢こそ、永遠の聖地

ところで、年間850万人の参拝客が訪れる伊勢神宮とは日本人にとって何なのでしょうか。そんな疑問をもって、今回の取材で伊勢神宮の3月の神事「御園祭(みそのさい)」を参拝しました。

御園祭が行われるのは、農事が始まる春分の日。神様に供える野菜や果樹を育てる畑地「神宮御園」で、豊かな稔りと農作業に携わる人々

伊勢神宮の神事・御園祭。神饌をお供えした後、作長と呼ばれる神官が鍬入れの動作を行い、大地の豊穣と農作物の生産者の安全を祈る

の安全が祈られます。

祈りを捧げる神職たちが御園の地面に畳表を敷き、その上に正座します。白木の案（脚付台）の上にお米をはじめ、海の幸や山の幸などをお供えし、祝詞が読まれる間は、皆、頭を垂れて目を伏せます。神職たちは言葉を発さず、おごそかに祭り事を進めます。感動しました。土の上に畳表を敷く、お供え物を案の上に載せる。綿々と続いてきた原初的な振る舞いが、今の私たちの日常の行為となって、残されていることは驚きです。神居ますようにと、上の物と下の物を区別します。浄不浄という観念を持ち、けじめをつけることで、心身の健康を保つ術を教え、稀有なる洗練の文化を作り上げました。伊勢神宮は、２０００年もの間、20年ごとの式年遷宮によって全てを改め、原点を守り、示し続けているのです。

取材を終えた昼頃、おはらい町はたいそうな賑わいでした。お土産を買おうと赤福の行列に並んで待つ間、ほうじ茶を炒る香ばしい匂い

店内で頂く場合は、
ほうじ茶が付いて2
個250円

に包まれながら、餅入れさんが一生懸命手を動かしているのが見えます。お店で頂くなら、できたての赤いお餅と竈で沸かしたほうじ茶でお世話してもらえます。

ここには江戸時代から変わらぬ時間が流れているようです。創業から300年以上、早起きして、休むことなく、毎朝新しい心で参拝客への施行が続けられているのです。

古来、貴賤を問わず、日本人が生涯に一度は参詣にと憧れた伊勢神宮。「お伊勢さんは子供の頃に来て以来やったけど、やっぱり来なあかんね。心がすっきりする」と土井さん。すがすがしい空気が満ちる中、いただく赤福餅は格別だ。伊勢取材で、もう一つの名物・伊勢うどん（右）も土井さんのお気に入りに

豊饒の美味、琵琶湖

滋味深い湖魚のおいしさは格別

滋賀県大津市・近江八幡市

琵琶湖には、たぶん現代人が思っているよりも、ずっと豊かな暮らしがありました。奪い合わなくても、誰にでも与えられた魚や貝を獲る暮らし。豊かな水からは殊のほか良い米ができました。自然の恵みに感謝して共存共鳴する暮らし。人々は、お祭りに備えて、海と里の恵みをひとつに合わせるという度を超えた贅沢をし、神様の食べものを作って、お供えしました。神様は、人間が一生懸命働いたご褒美に「鮒寿司」というこの上なく清い美味を、人間に与えてくれました。

京都駅から車でも電車でも約30分で浜大津に着きます。南湖の湖岸に立つと、改めて琵琶湖は大きいなと思います。西側に延暦寺のある比叡山系を一望すると、彼方に琵琶湖大橋が見えます。この橋を境に

まるで海かと見まごう琵琶湖南岸

北湖と南湖に分かれ、面積の割合は、11対1。いま私が目にしている広い湖面は全体の10の1以下。もう全体の大きさはイメージできません、これは海。そう、「近江之海」と呼ばれていたそうです。江戸時代になって、地図ができてようやく、この古代湖の大きさを認識できました。

湖の誇りは歴史と生物多様性

浜大津から草津方面に車で30分、県立琵琶湖博物館で、まず琵琶湖を学びます。博物館の琵琶湖の地理、歴史、環境の展示は充実して、しかも美しく、琵琶湖の本当の凄さを知ることになりました。併設された日本一の淡水水族館で、目当ての鮒寿司の材料になる生きた「にごろ鮒」も、「源五郎鮒」も見ることができました。200万年前の琵琶湖を、科学的な資料に基づき再現したジオラマを歩きながら、実物の化石を眺めていると、夢想家でなくとも博物学者の気分になれます。かつて琵琶湖のほとりにはゾウがいたのです。琵琶湖の歴史は４００万年前に遡り、場所や形を変えたり、消えたり、現れたりを繰り返しながら、40万年前に今の姿になったそうです。縄文時代の粟津湖底遺跡貝塚（＊）からはシジミ、魚、獣、木の実などが出てきており、大昔から自然の恵みをバランスよく享受する人間の暮らしがあったことが分かります。

水に恵まれた関西人は、水不足の大変さを知りません。古来、水の安心があった所に都は造られました。琵琶湖は京阪神の暮らしを支えていて、京都の水道水の99パーセントは琵琶湖の水です。

東海道の面影を残す大津を歩きました

浜大津の湖岸からすぐのところにある長等商店街は、旧東海道の脇筋で、かつてはこのあたりは大津百町と呼ばれ、琵琶湖の港町、東海道の宿場町、三井寺の門前町として栄えました。開いていた八百屋さん

大津商店街にある淡水魚専門店タニムメ

には、軒に吊るしていたままの大玉ねぎ2個250円、紐で結わえた不揃いの胡瓜（きゅうり）3本100円、露地のトマト1個50円。川魚屋さんには「家煮海老豆」100グラム250円。うん、どれもおいしいに違いありません。女将さんたちはとても親切で、お尋ねすると、「以前は賑やかだったんですよ」。やさしい表情から、人の暮らしに寄り添ってお商売されてきたことが分かります。

商店街のなかでもひときわ大きな間口の川魚商を営むタニムメ水産のご主人にお話を伺いました。「春先に取れた活けホンモロコや活け小鮒など、要所の湧き水で水を換えながら、琵琶湖の恵みを京都まで担いで運ぶ仕事から始まったんよ」「明治天皇が琵琶湖の鰉（ひがい）（コイ科の淡水魚）を食べたいと言いはったときも、この店のご先祖がおさめたんですわ」「琵琶湖の魚は少のうなった。南湖の水はとくに汚れた」とぼやきも入りますが、今は仕事をご子息に譲り、琵琶湖の恵みを、京都、大阪に届けています。

鮒寿司専門店・阪本屋ご主人の
内田健一郎さん

お口に合うか合わんかは別にして……

「鮒寿司はおいしいもの」なんです。琵琶湖の漁師の船板に「元祖 阪本屋鮒寿司」と書いた看板が上がっています。1869（明治2）年創業の阪本屋、昭和2年に建てられた和洋折衷の店舗はその時代の気分を伝えます。ご主人の内田健一郎さんによると、平安中期に編纂された「延喜式」に「鮒寿司」の記述があるそうです。鮒寿司のルーツとなる「なれずしの技術」は稲と一緒に中国大陸からきたと言われていますが、琵琶湖が発祥とちゃうかなぁ。

春3〜4月、子持ちのにごろ鮒を塩漬けし、土用の頃にご飯と一緒に本漬けして、熟成させると、乳酸発酵して鮒の頭も骨もヒレも柔らかくなって、人間業じゃない美味を作るのです。内田さんは「鮒寿司は漬物ですよ」と簡単に仰るのですが、太い針金をエラの際から差し入れて、真子に傷をつけないように内臓を取り出して洗って、塩漬け。

浜大津に店を構える阪本屋の鮒寿司（上）は、爽やかな酸味とうま味が後を引く。
下はひときわ目を引く老舗・阪本屋の店舗

夏、ご飯の上に並べて重ね、本漬けします。この作業を完璧にした結果が阪本屋の鮒寿司。臭みなんてありません。漬け込んだご飯もよく醸されて形を留めません。「切りたてがおいしい」と仰るように、自分で切ることから、美食は始まります。鮒寿司を漬けた酸味のあるご飯はそのまま食べたり、握り飯の梅干し代わりにもするんだそうです。

沖島は琵琶湖に浮かぶ漁師の島

近江八幡市の堀切新港から通船で15分。私がこの島を訪ねるのは3度目。富田ふみえさんが桟橋で待ってくれていました。沖島(おきしま)の漁師はみんな働き者、米も作っているのです。お元気な顔を見ていっぺんに嬉しくなりました。漁から戻ってきた西居英治(にしいえいじ)さんが「びわ鱒」を見せてくれました。キラキラ銀色に輝く美しい魚、見るからにおいしさが伝わってきます。無理を言ったら、ふみえさんのご主人・秋治さんが手際よくさばいてくださって、刺身と塩焼きにしてくれました。び

ビワマスは琵琶湖の美味の王者ともいわれる。しかしその漁は深夜2時に出港して朝7時に帰港する大変な仕事だ

わ鱒の刺身は安心して食べられます。私は皮も骨の周りも食べられる塩焼きが好みかなあ。西居さんによると「子供の頃、起き抜けに琵琶湖に入って顔を洗っていると、小魚がパシャパシャ集まってくるんよ。そんころの水はほんときれいやった」と。この島の人々は、助け合い、信仰篤く、ずっと暮らしてきました。

この半世紀、たった50年で琵琶湖は汚れたのですから、琵琶湖で生きる人は切ないんですね。皆さんどうぞ琵琶湖を守ってください。琵琶湖がダメになったら、京都もダメになるかもしれません。みんな繋がっていますからね。

＊琵琶湖の南端にある縄文時代中期を主にする湖底遺跡

琵琶湖の絶景を眺め、ビワマス（右頁）をはじめとする湖魚の幸をいただくことができるのは、湖と生き、湖を守る人々があってこそだ

吉兆と湯木貞一の美学

“日本料理”を完成させた料亭のいま

大阪府大阪市

高麗橋吉兆（こうらいばしきっちょう）本店の館が、建て替えをすませて、2019年7月、新たにスタートしました。日本料理界の頂点を極めた高麗橋吉兆です。普請、しつらい、もてなし、品格の高いお料理という湯木貞一（ゆきていいち）が作りあげた日本美の世界は、どうなっていくのか、変わるもの変わらぬもの、日本料理のこれからが知りたくて、高ぶる心落ち着けて、訪ねました。

私にとって、吉兆は特別な存在です。湯木貞一は、私が師事した味吉兆のご主人・中谷文雄のさらに上の大ご主人だからです。湯木貞一に私淑していますと書くだけでも、おこがましい気がするほどです。

茶の湯文化と吉兆

湯木美術館館内、
湯木貞一の肖像
写真の前で

約束の時間まで間があったので、地図を見ながら碁盤の目になった船場（せんば）の高麗橋あたりから南に向かって歩き、薬問屋が並ぶ道修町（どしょうまち）を過ぎて、平野町にある湯木美術館を見学しました。茶の湯と料理以外の楽しみは歌舞伎を見ることだけという湯木が、財を惜しむことなく収集した道具を、たくさんの人に見てもらうために作った美術館です。

展示の茶道具には、実にすっきりした書きぶりの解説がそえられています。道具は、場に調和して真美を表すもの。渋い天目茶碗と、たっぷりとした姿の濃い洗朱を塗った天目台の取り合わせを見て、ああ吉兆だなあと思うのです。万事潔し、ここを度々訪ねれば、随分勉強になります。美術館の待合スペースにある吉兆大ご主人の肖像写真と並んで写真を撮りました。湯木貞一は背もすらりと高く、いつも身だしなみをきちんとしたエレガンスという言葉が似合うきれいな人でした。

本店に行くと、私より少しお若い当代主人・湯木潤治（じゅんじ）さんが水を

店は瀟洒な構え

打った玄関の外で待っていてくださいました。ご挨拶をして顔を上げると、つつましい佇まいをした石造りの玄関の内側に吉兆のトレードマーク〝千成瓢箪〟の縄のれんが見えました。千成瓢箪といえば、秀吉公の馬印。大阪の人は、平民から天下人にのぼり詰めた人間味あふれる秀吉が大好きなんですね。

神戸の料理屋の長男として生まれた湯木貞一が、1930年（昭和5年）、大阪新町に「御鯛茶處 吉兆」を開店したのが吉兆の始まり。ひと通りの仕事を覚えた29歳の青年が作ったのは、奥行き6間（約11メートル）という細長いお店。テーブルは黒塗で縁は朱塗の爪紅（＊1）、椅子も朱塗にして、萌黄色の座布団が載る。客席と調理場の間には小さな床を設け、風呂釜を据えた、狭いながらも茶室の趣のある洒落た店。鯛茶が85銭、鯛の芋かけ75銭、日替わりの一品料理がある、余所よりも高い小さな高級料理屋です。後年湯木をフランスの旅に連れ出した料理研究家・辻静雄は、吉兆の印象を「その色調である」と看破して

湯木潤治さん。貞一の孫にあたる。時代に即した手腕で店を生まれ変わらせた

います。

吉兆という屋号は、十日戎の〝吉兆笹〟からとったそうです。瀬戸内海と紀伊水道の真ん中の大阪湾でえべっさん（恵比寿様）が釣り上げた大きな鯛は、大阪の前、つまり大阪湾の魚。浪速とは、魚の庭と言われるほど魚がたくさんいたのです。大阪料理の第一は椀刺と言われ、椀物とお造りが一番のご馳走。吉兆のお造りは、夏の一時期をのぞいて鯛で決まり。吉兆には、明石から毎日メスの活け鯛を運ぶ人がいましたが、今もお孫さんが継がれていると聞いてうれしくなりました。

湯木の料理屋は、開業して半年ほどで大評判を呼び、素朴と洗練という、対極の日本的美意識を取り入れた料理を出すと、船場の名だたる旦那衆を喜ばせ、三菱財閥の岩崎小彌太をして、「日本一の小さな料理屋で、日本一のおいしい料理屋」と言わしめます。誰も見たことがない新しいものを作る湯木の天才は、この時すでに証明されていたように思います。彼は料理を通して、小林一三、山本為三郎、池田勇人（＊2）と

魚が豊かな大阪で懐石をいただく楽しみのひとつは、“椀刺”。この日の椀は、焼き白魚に金箔をあしらった美しい吸い物

建て替え前の吉兆の建物は、名工・平野雅哉が建てた古美術商・児島嘉助の本宅。店内にある蹲〈つくばい〉は、その庭にあったもの

いった超一流の人物に愛され尊敬され、後押しされました。

伝統と強い矜持を感じる料理

全面改装したお座敷は、できるだけ建て替え前の通りに再現され、大広間にある松竹梅の板絵もそのままです。大きく変わったのは、かつての真塗の長膳に脚を取り付け立派なテーブル（椅子席）にされたことです。これによって美観を損ねるどころか、かつてなかった力強さが吉兆の座敷に生まれたように思います。新しい吉兆の座敷と普遍の域に達した吉兆の力のある懐石料理の調和は見どころです。

湯木の考案は色々ありますが、お造りを一層おいしく食べてもらえるように、器に氷を敷いたのも彼の着想。古典文学、有職故実、花鳥風月といった文化を象徴的に取り入れた数々の趣向によって、日本料理をどきっとするほど華やかにしました。当時、一世風靡した吉兆の料理に倣った〝吉兆風料理〟が流行っても、「真似されるほど良いものい

うことや」と意にも解さず、日本料理界を牽引したのです。

あまり知られていませんが、28歳の時、星岡茶寮の北大路魯山人のそばで働きたいと上京しました。願いは叶いませんでしたが、後年、互いに尊敬の念を持って訪ね、交友を深め、魯山人自作の器が石炭箱に詰めてたくさん送られて来たそうです。魯山人はその芸術の心をもって器を料理の着物と考え、「熱いものは熱く」という料理屋の感覚をもって、今につながる料理屋の日本料理を作りました。魯山人が、日本料理を作った人なら、湯木貞一は日本料理を完成させた人です。

1970(昭和45)年、大阪で万国博覧会が行われ、世界中から姿も味も強い本格的なフランスの肉食文化が入ってきた頃、湯木は将来の日本料理を憂い、ふと思いついたのが、「世界の名物 日本料理」という言葉でした。辻静雄に招かれたフランスの3つ星シェフ、ポール・ボキューズが、吉兆で鮮やかな緑と歯切れを残して茹で上げたインゲン豆を見て、その料理からフランスに「ヌーベル・クイジーヌ」(新しい料

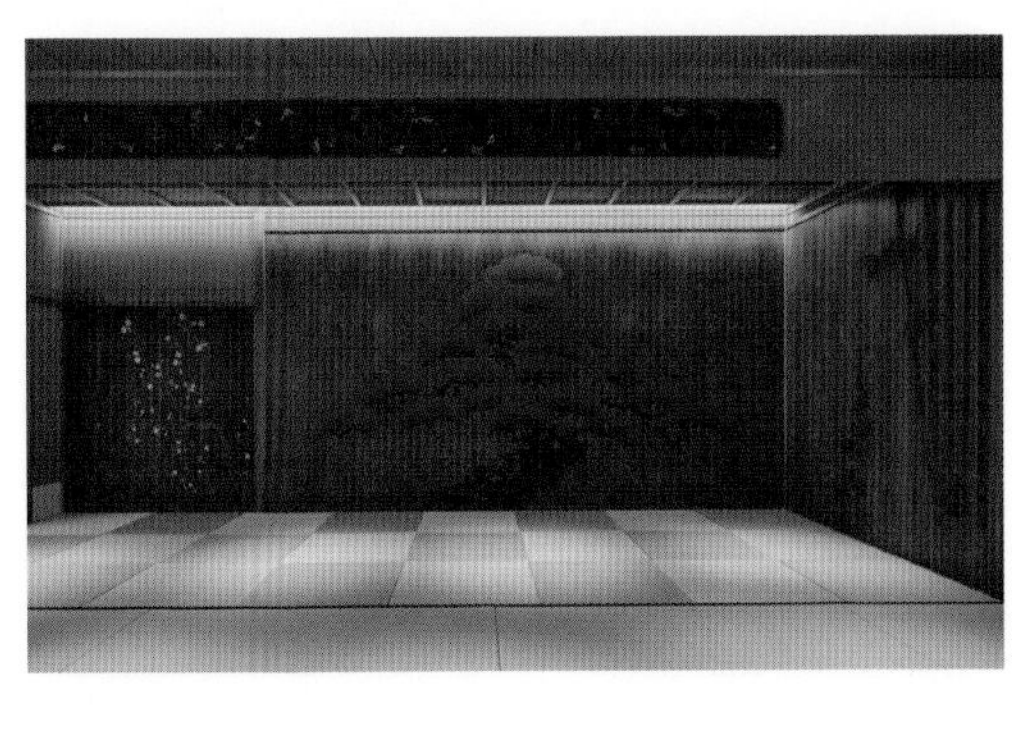

「澪の間」は最も大きな広間。能舞台の大松、梅、竹の板絵と市松模様の畳。過ごす時間を特別なものにする設え

理の意）という革命を起こしたと想像するのは、楽しいものです。わび茶を完成させた千利休からさらに踏み出した、華やかさと強さをプラスした品格の高い懐石料理は、金の茶室を造らせた秀吉の強くて艶やかな茶の湯、茶の琳派であったと思います。

時代の最先端であったポール・ボキューズのフランス料理も吉兆の料理も、今ではクラシック（古典）となりました。クラシックという伝統は、大自然と結び、土地と人間の暮らしに繋がるものです。恐れるべきは、すでに始まっている伝統の切り捨て。それは唯一の住処である地球の否定。地球を諦めるのですか。伝統は在ることが重要で、迷い、見失いそうになった時、訪ねれば、初心に帰してくれるところです。

＊1　爪紅は縁(へり)を紅で染めること
＊2　小林一三は阪急グループ創始者、山本為三郎はアサヒビール初代社長、池田勇人は政治家（第58・59・60代内閣総理大臣）

吉兆の懐石は四季折々を盛り込んだ、心の温まる美しい料理　[右頁] 三宝柑の輪切りを皿に見立てた刺身。右から時計回りに、あわび、くえ昆布〆、いかと青柳　[上] 熱した石に海老を乗せて楽しめる石焼き　[右] すき焼きはきめ細かな肉質の近江牛で　[上中] 献立の最後は百合根きんとんと抹茶

〝発酵〟が作る味

醤油発祥の地・和歌山で醸されたおいしさ

和歌山県御坊市、紀の川市、和歌山市

子供の頃から、かつての南海ホークスの本拠地、難波球場（大阪スタヂアム）のある難波駅と和歌山を結ぶ南海本線、難波駅と高野山を結ぶ南海高野線にはよく乗りました。海水浴はＪＲ特急「くろしお」で天王寺駅から白浜、串本に。大阪府南部の泉州につづく和歌山は、同級生も多く、私には何かと思い出多きところです。

年間降雨量５０００ミリという雨の多い大台ヶ原を源流にする紀ノ川の河口付近は、鉄分などのミネラルと植物プランクトンが運ばれ、よい漁場が作られます。バッテラ（鯖の押し寿司）、たこ焼き、家で食べる小魚の煮付け、大根おろしのちりめんじゃこ、お祝いの桜鯛のお造りも、大阪の人は、「ええ魚」といえば、ここらへんからくる地魚を

由良町の興国寺。かつては末寺 143 カ寺を持つ臨済宗法燈派の大本山として「紀に興国寺あり」ともいわれた

食べてきました。また、深山幽谷にある高野山。弘法大師・空海が、遣唐使として唐に渡り、仏典とともに炭焼きの法を持ち帰りました。その最先端技術は紀州備長炭となって、江戸に運ばれました。

こうした豊かな土壌と精神文化に支えられた和歌山には、和食の起源に関わるものが生まれました。日高郡由良町にある興国寺（こうこくじ）は日本の醤油文化発祥の寺。宋（中国）の徑山寺で悟りの証を授かり帰国した禅僧の覚心が、醤油の元となる徑山寺味噌をもたらしたところです。

今回は、時空を超えて今に伝わる和歌山古来の発酵文化に目を向けました。

３００年変わらないことの重み

元禄年間に廻船問屋だった、御坊市の堀河屋野村。３００年間、昔ながらの「手麹（てこうじ）」という手法を守り、ごまかしのない醤油と徑山寺（きんざんじ）味噌を造られています。

堀河屋野村の野村圭佑さん。伝統を重んじ、志ある食の生産者と連携して業界を盛り上げるホープだ

木材廻船をルーツとする堀河屋は、木への思いが強い。今も薪で豆を煮て、麦を炒り、麹を手で育てる。木桶に都度、櫂を入れ、1年半熟成させて麻袋に詰め、槽（ふね）（＊）で自然に搾ります。お得意様への手土産にしていた醤油や徑山寺味噌を本業にしたきっかけは、江戸からの帰路、先祖の船が荒波で遭難したこと。命からがら流れ着いたのが蝦夷のエトロフ。御先祖様は親切なアイヌたちに助けられ、松前藩を通じ、340日かけて御坊に戻りました。以来、人様に迷惑をかけて廻船は続けられぬと、醤油造りに腰を入れて本業としました。

当主のご子息で18代目にあたる野村圭佑（けいすけ）さんは、東京で商社に入り、大豆を担当する切れ者のビジネスパーソンでした。世界の大豆と日本の大豆の違いを見て、きちんとした大豆から作る醤油が昨今急激に減ってきていると知り、野村家の生業の意味を思って、御坊に戻ります。それから8年。時間、量、温度を正確に計測するよりも、人間の感性の方がはるかに優れていると確信したのです。その様子は頼もしく、うれしくなりました。夜中、自ら薪を燃やし、大鍋で豆を9時間煮て、焙烙で小麦を炒る。麹室で4日間かけて経験を頼りに麹菌を培養するのは、ひとり仕事。これ以上の量は管理しきれないのでしょう。年間に70回仕込むそうです。若い人は、えらいなぁ。

創業当時からある背の高い仕込み蔵には、油を塗った南部鉄鍋、鉄の焙烙鍋、薪、醪を搾る槽、麻袋、大きな柄杓、木の櫂棒があって、奥には麹室があります。別棟には大きな木桶が並ぶ醸し蔵。どこを見ても生き生きと美しく、驚いたのは、それぞれの場所がいい匂いに包まれていることでした。この大変な仕事を300年も続けるモチベーションはどこから来るのか。化学工業が発展して、化学的に作ったものがよいと言われる時代もありました。取り残された気分にもなったはずです。周りは変わっていく中で、変わらずにいる力って何だろうと考えていました。人間はそれほど強くないと思うからです。

堀河屋野村の徑山寺味噌は、瓜、茄子、しそ、生姜を大豆の味噌にたっぷり漬込んだおかず味噌。食通にもファンが多い逸品だ

発酵の力が生んだおいしいもん

和歌山は発酵の土地。同じく高い志を持って赤酢を造る会社があると伺い、紀の川市にある九重雑賀(ここのえさいか)に向かいます。九重雑賀は、自前の酒粕から作る赤酢とお寿司に合う日本酒を造られています。酒粕から赤酢を造るのは理にかなった伝統の製法です。

1908(明治41)年創業の九重雑賀では、他所の酒粕で酢を作っていたのですが、1934(昭和9)年、「良質の米から酒を造り、その上等の酒粕でよい酢を造る」と志を立てました。その酒を「お寿司に合う日本酒」と決め、調味料蔵を兼ねる独自性を生かし、お寿司に欠かせない醤油などの調味料との相性を研究し、日本酒造りにも反映させているのです。

九重雑賀では、自社製造の高品質な酒粕を3年以上も熟成させていきます。これを自社製造の純米酒やアルコールと合わせて酢酸菌を加え

九重雑賀社長の雑賀利光さん。会社一丸で、おいしく安全な食酢・日本酒づくりに取り組まれている

ると、その働きによって酢ができます。麹菌のいる酒蔵と酢酸菌のいる酢蔵は相いれません。酢蔵の菌を、酒蔵に持ち込まぬように、働く人は交わらず、徹底してけじめをつけます。その努力が、酸の香りのよい酢、お寿司に合うお酒を生み出すのです。

拠点となる和歌山市に戻り、煉羊羹と本ノ字饅頭（まんじゅう）という、それぞれ400年の歴史を持つ2つの名物を楽しみに、総本家駿河屋へ向かいました。駿河屋は「豊臣秀吉の大茶会で供する紅羊羹を考案し、称賛を博した」と虎屋文庫の『ようかん』（新潮社）にも記されています。当時主流であったのは蒸し羊羹でしたが、寒天を用いた煉羊羹を発案。以来、洗練された極上の羊羹を今に伝えます。

本ノ字饅頭は、江戸時代参勤交代の携行食として重宝されました。江戸時代後期発刊の『紀伊国名所図会』にも、駿河屋で大勢の職人が働く様子が描かれています。麹と餅米を混ぜて発酵させた餅生地に小麦粉を混ぜ、餡を包んで寝かせ、蒸籠で蒸して、油を塗った銅板で「本」

総本家駿河屋のと本ノ字饅頭。香りのよい焼き立てが最高

字の焼き目をつけます。当時としてはきっとハイカラで、今私たちが食べてもとくに焼き立ては絶品、大満足しますよ。

1945（昭和20）年の大空襲によって焼け野原となり風情ある街並みを失った和歌山市、戦後の高度経済成長期には、阪神工業地帯の南端としておおいに栄えました。旅をしてみると、和歌山は「自然的なるもの」と「工業的なるもの」が隣り合わせでした。日本有数の豊かな和歌山の自然は、日本の思想と生活文化を生んだ土地。未来は大自然と人間の共存にあると信じます。

＊ 大豆を発酵させた醪（もろみ）を搾るための道具。舟の形に似ている

発酵の歴史と深く結びついた和歌山県には、いまも自ら炭で火をおこし、木桶を使って発酵食品を作る職人がいる。どれほど世の中が進化しても、大切な味を守りたいという気持ちがあれば、苦労はいとわない。妥協を許さぬこだわりが、その味に表れている

大阪寿司の世界

割烹料理の発祥地・大阪で生まれた多彩な寿司文化

大阪府大阪市

ものの味がよい時期を旬と言います。旬の観念は世界中にありますが、日常生活や文化のあらゆる場所に季節を重視する日本では、旬を誕生から死に至る道中に移ろい表れる美として、象徴的に「はしり」「さかり」「なごり」の3つに分けました。日本（文学）研究者であるハルオ・シラネ（＊1）は、日本人の情緒を概念化した「二次的自然」を、著書『四季の創造』（角川選書）のなかで、日本人の創造物であるとしました。日本人は、現実の自然のなかにある際立った美の瞬間を、細やかな感情（死生感）に重ねて共有する観念から、庭、歳時記、茶（道）を造ったというのです。

ところで日本料理屋では、命の誕生であるはしりものの食材を吉祥

ちらし寿司で有名な「たこ竹」近くの大阪天満宮の前で

とします。而して3月3日の雛の祭り、桃の節句に欠かせない蛤の潮汁の吸い口（季節の香り）には、木の芽（山椒の新芽）を添える。料理屋で修業した私は、父（土井勝）が蛤の潮に黄柚子を吸い口にしていたので、木の芽の方がいいんじゃないかと進言したことがありました。父は「船場では、雛の節句をもって柚子の使い納めとする。この時季まで柚子を大切に持っているのが豊かさだね」と自然と人間の関係にある物語を教えてくれたのです。新暦の桃の節句の頃に木の芽はなく、春はまだ先にあるのです。

船場のええし（良家）といえど、大阪では地に足のついた無理をしない暮らしを第一に、持続可能な現実を大事にしたのです。それがケチと言われる商人の心掛けでした。下魚の鯖のあらに塩をして臭みを抜き、短冊の大根を入れて仕立てた「船場汁」。何も捨てずに生かし切る汁に、船場と名がついたのです。大阪で料理学校を始めた父が作った家庭料理の教科書（『おけいこ12カ月』）には、大根の葉を使った「大阪

大阪・淡路町の吉野寿司

漬け」「いわしの生姜煮」、鯨のコロ（皮の乾物）が入った「関東炊き」「鯖の筒煮」などの船場の家庭料理がたくさんありました。ハレの日の献立には、海苔巻き、稲荷、さらし布巾を使った押し寿司、錦糸卵をたくさん載せたちらし寿司がありました。大阪には、前の海（瀬戸内）の魚を手まめに料理する暮らしの文化がありました。かつて食い倒れの町と言われた大阪ですが、おいしいものをよう知ってはる人が今でも――特に船場には――ようけ、いてはるように思います。

今回はわが故郷大阪でハレの日にいただくお寿司の文化を訪ねました。吉野寿司の7代目店主、橋本卓児さんと話していますと、この頃の大阪のきつう感じる言葉と違って、船場言葉はほんまやさしい、ええ言葉やなあと思います。どうぞ東京のお方もここへ来て聞いてみてください。

「昔は商売と暮らしは一緒で、どこの家にも押し型があったもんです。お家では鯖や鰺、このしろなど、ひとつの魚でひとつのお寿司を作っておられました。外で食べる（外食）習慣はなかったんですね。当店は、旅籠屋をしていた初代野屋嘉助が１８４１（天保12）年に寿司屋を開いたのが始まりです。そこで家庭では作れないようなお客さんを喜ばせる高級な食材を使って工夫したのが吉野寿司です。今年で１８１年になります。

ここ淡路町（あわじちょう）は、浄瑠璃の文楽座（御霊（ごりょう）文楽座）があったところです。（豊臣）秀吉さんが淡路島の人形浄瑠璃をここに持ってきて、明治から大正にかけて、船場商人の娯楽や商談の場として栄えました。平野町は京都の平野神社に由来（＊2）京町堀は京都の人、高麗橋は朝鮮の人が多く住んだところから町名になっています。「旦那衆が豊かで、海・山・里の食べもんの豊かな土地柄にあって、表向きはつつましくしていても、中身は贅沢するという気質が、ちらし寿司にも表れているのです」（橋本さん）

だいたい冠は見せるもんやない、尻の下に敷いとけって言われたも

吉野寿司の箱寿司は、宝石箱のような美しさ

んです。ええかっこしいは嫌がられる土地柄です。父から聞いた話ですが、かつて大阪の割烹料理屋では、お品書きに材料だけが書いてあって、お客さんの方がその場で献立を決めて、料理人が料理したそうです。お客さんそれぞれの家の食文化を、料理人が教わったんですね。

吉野寿司では活け穴子を割いて焼き、活け小鯛はさばいて塩して酢締めします。肉厚の（干）椎茸は時間をかけて炊きあげたら手切りし、すり身入りの錦糸玉子も焼いて、ご飯は昆布を入れて炊き上げる昔のまま。手のかかること惜しまんと、横着せんと全部して、よう伝統を守ってはるのは、ほんま尊敬いたします。

次に伺ったのは、ちらし寿司で有名な「たこ竹」。料理長の岡山正さんは中学校を卒業後、九州から出てきて50年以上もちらし寿司を作ってきた人です。「毎朝薪でご飯を炊いていた頃は、ご飯がふわふわやったんですよ」。冷蔵庫のない時代でも、大阪寿司は仕込みがしっかりし

海老、焼き穴子、小鯛、三つ葉、刻みきくらげなどを華やかに盛り付けた、たこ竹のちらし寿司

ているから、出先で安心して食べられるんで、弁当寿司や言われたそうです。4代目のおばあさんを手伝っていた22、23歳の時、料理人が自分一人になったこともありましたが、仕入れから翌朝の仕込みまで、がんばりはった。だから今があるんですね。大阪の懐かしい話からご自身の恋物語まで、浪花節のようなええ話が出てきて、いつまでも話していたいと、感激しました。

もう1軒、宗右衛門町（そうえもんちょう）にある「本二鶴（ほんにかく）」に行きました。ここの巾着寿司は1877（明治10）年に、芸人さんでもあった初代が、道頓堀界隈の劇場の楽屋見舞いに考えたお寿司やそうです。丸く彫った押し型で抜いた押し寿司を、大判の薄焼き卵できれいにプリーツを入れて包んで、昆布で結んであるんです。京都の舞妓さんがおちょぼ口で食べはる手毬寿司は小さいけど、大阪の芸人さんが食

本 二鶴の巾着寿司はプリーツは端正で、お土産にも喜ばれる。これぞ大阪ミナミの名物寿司！

べはるのはしっかり押した野球ボールくらいの巾着寿司。

「これお箸で食べるんですか」って聞いたら、店主の伊藤宗嗣さん曰く「お箸で食べたら箸が折れるから、手でつかんでください」。実際に手で持って食べても、手につかないから食べやすい。丸いずしりとした巾着寿司は、とても大阪らしい。芸人さんらも、これ差し入れてもろたらうれしいやろなあ、と思います。

だんだん大阪にええもんがなくなっていくなあと思っていただけに、今回の大阪寿司取材はうれしくなりました。どうぞ応援してあげてください。間違いのないもんばかりです。

＊1 ［1951〜］。日本で誕生後、両親と渡米し、アメリカ東海岸で育つ。コロンビア大学教授。1992年、著書『夢の浮橋』で角川源義賞、2019年には山片蟠桃賞を受賞

＊2 淡路町にある御霊神社の祭神が百済氏出身の早良親王で、京都の平野神社が百済氏を祀ることから、平野町と呼ばれるという説がある

大阪寿司には瀬戸内の海の幸と、そのうまさを生かすための技術が凝縮されている。割烹文化が花開いた大阪の食の伝統を受け継ぐ、手の込んだ仕込み仕事が際立つ寿司の数々に出会うことができた

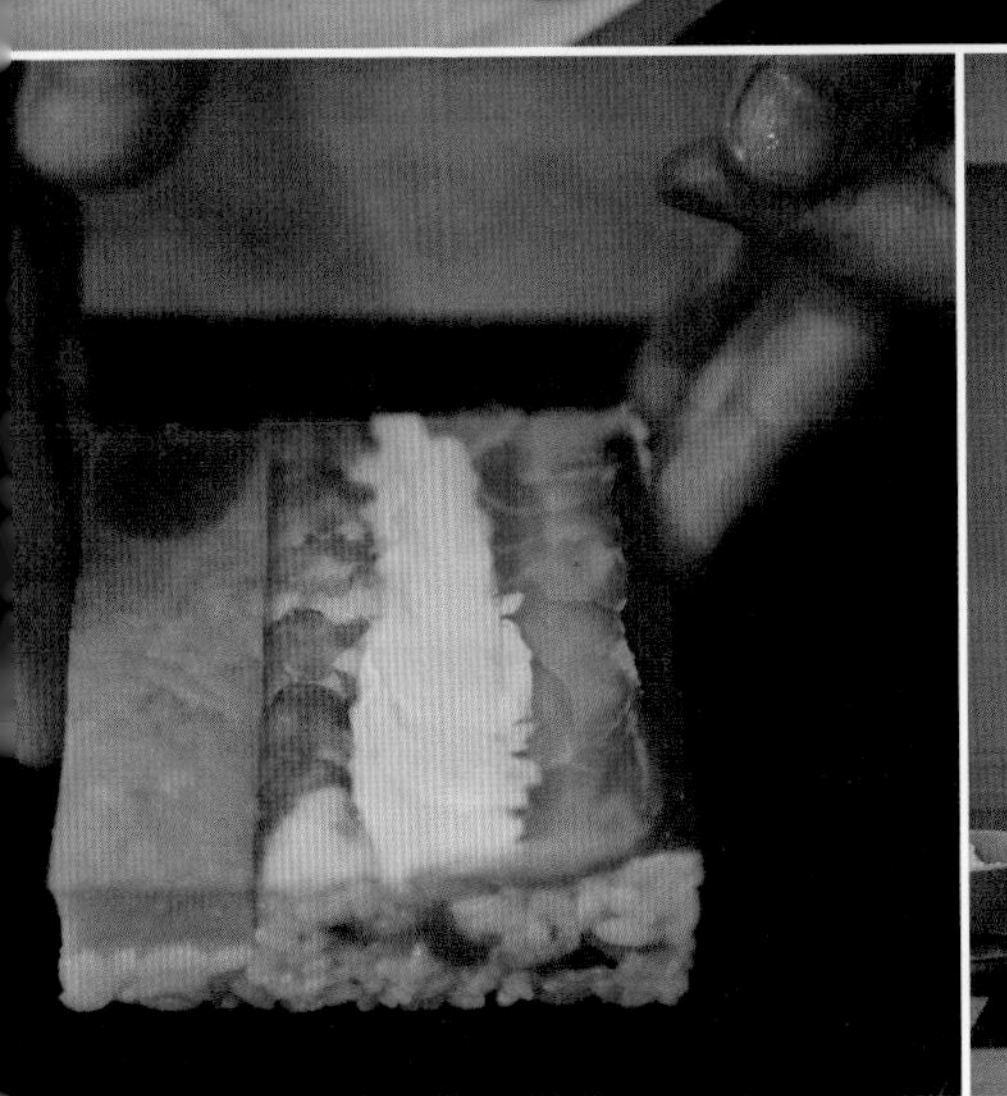

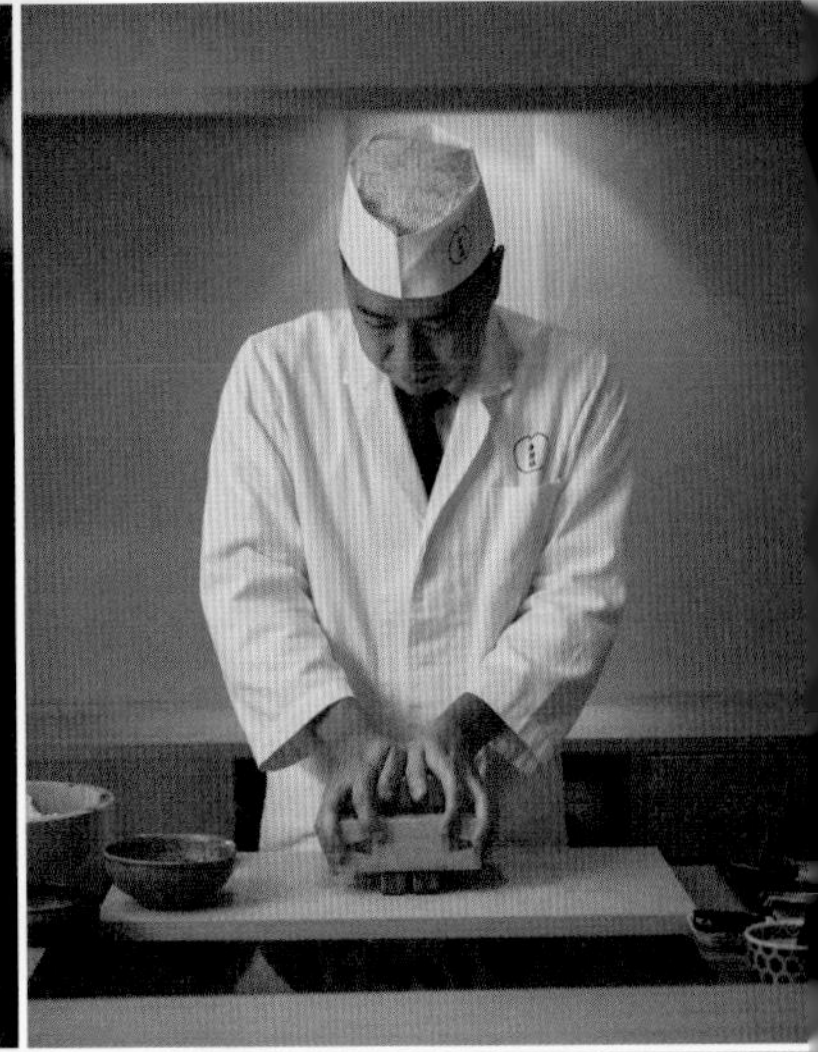

吉野晒しの本葛

今や希少な国産の本葛を求めて、奈良・吉野へ

奈良県宇陀市

今回のお目当ては吉野葛。葛粉とは、ご存じのように日本料理で上等のだし汁にとろみをつけて、蕪蒸しや冬瓜を餡かけにする葛の澱粉です。和菓子屋さんでいただく、人気の葛切りの材料でもあります。

吉野という地方の神秘性

吉野と聞くと、学生時代に読んだ谷崎潤一郎の小説『吉野葛』を思いだします。大正の初め頃、津村という大阪の友人と小説の語り手である「私」が、吉野を訪ねた見聞録として綴られる作品。「私」は「南朝の秘史に興味を感じ、この自天王（じてんのう）（＊1）の御事蹟を中心に歴史小説を組み立ててみたい」気持ちに駆られ、吉野に小説の材料を探しに出かける

大宇陀のまぶしい朝

のです。

吉野地方の近隣にある宇陀市大宇陀（おおうだ）では、『万葉集』に柿本人麻呂が詠んだ美しい「かぎろひ」という自然現象が見られます。天文学者曰く、日の出の1時間ほど前に東の空に現れる最初の光明だそうです。また、『日本書紀』によると、大宇陀では宮中行事の薬狩りが催され、男性は猟で鹿茸（ろくじょう）（＊2）をとり、女性は薬草を摘んでいたとか。このように、吉野にまつわる古代の物語は興味深く、私たちの精神文化と深く関わる土地。吉野と聞くだけで、なんだか気持ちが、ぞわぞわするのです。

吉野のなかでも、重層的な歴史遺産をもつ大宇陀は、大坂夏の陣以後、織田氏が4代にわたって支配したのち、天領となり商業の街として栄えました。江戸時代から戦前までに建てられた町家が立ち並び、当時の面影を残す旧松山街道は、伊勢参りの人々が歩いた伊勢街道とむすぶ道。今回は、街道沿いの山城・宇陀松山城跡の斜面に日本最古

森野吉野葛本舗は旧松山街道に面しており、虫籠窓が目を引く

の民間薬草園を持つ森野吉野葛本舗を訪ねました。

貴重な葛文化を守り続ける老舗

由緒ある森野吉野葛本舗は、室町時代の創業から450年以上続く店です。南北朝時代、森野家の祖・初代兵部為定は吉野南朝に仕えたとされ、16世紀中頃、大和国吉野郡下市で葛粉の製造を始め、「吉野葛」の名称で世に知られます。江戸時代初期の1616（元和2）年、葛に適した良質な水と寒冷な気候を求めて、大宇陀に移住。第11代主人森野通貞（通称「藤助」、号賽郭［1690〜1767］）は家業の葛製造に励みながらも、若い頃から植物を愛好し、独学で薬草の研究に没頭。40歳からは家業を番頭の佐兵衛に託し、本草の研究に打ち込みました。賽郭は晩年、彩色豊かな動植物図譜（動植物1000種『松山本草』全10巻）を完成させています。

初代から数えて20代目、2021年に藤助を襲名された社長の森野

2021年、森野家代々の「藤助」を襲名した20代目の森野さん

藤助さんは、なんとも穏やかで、奥様、お母様ともども、私たちを心やすく迎えてくれました。森野さんの案内で、まだ春が来る前の薬草園を散策すると、薬草国産化政策への貢献を称え、8代将軍吉宗から下付されたというニンジンボク、ニッケイ、カンゾウなどの薬草木が植えられています。森野さんに教わりながら、春の緑あふれる景色を思い浮かべていました。3月にはカタクリの花が一面に咲き、見物の人で賑わうそうです。ちなみに森野家だけが、本物のカタクリ粉の製造権を持っていたそうです。

目利きが光る「掘り子」の仕事

森野吉野葛本舗に葛を納めている掘り子さんに会いに行く前、森野さんの母・熹子さんとしばし穏やかな時間を過ごしました。大宇陀に嫁がれた頃は、葛作りは何もかも手作業だったそうです。葛の掘り子さんもたくさんおられましたが、今では、近隣に5、6人だとか。なに

森野さんの御自宅でいただいた葛料理。上から時計回りに、胡麻豆腐、葛練り、葛うどん

も知らない私が、「根を掘るだけなら誰にでもできそう。技術はいらないのではないですか」とお尋ねしたら、燾子さんが掘り子さんに敬意を持って「葛掘りは葛を見極める力がいるそうですよ」と教えてくれました。掘り子さんを志して宇陀にきた人がありましたが、10年頑張った末、ものにならずお帰りになったこともあったそうです。

森野さんと一緒に、葛の掘り子さんを20歳の時から50年もなさっている中山廣信さん・眞弓さんご夫妻を訪ねました。鍛冶屋さんに特注で作ってもらった「とんが」という葛掘りの鍬(くわ)を手に話される様子は魅力的で、葛掘りは目利きの仕事という意味が、少しずつ分かってきたのです。冬枯れの葛の蔓を遠くからちらっと見るだけで、いい根かどうか、どこを掘るか、少し掘ればその下に何があるかが分かるそう。葛にもお芋のように、親、子、孫があるし、大きい根っこでも澱粉のないものがあるのです。澱粉が詰まった葛の根っこは見た目よりかなり重く、水に沈むほどです。

中山廣信さんが掘った大きな葛を、まずは砕いて粗製葛(左)にする

葛の根っこが食べられることは、猪が好物の葛を掘るところから人間が学んだのでしょうね。眞弓さんは韓流ドラマで、登場人物が葛の根っこを齧るのを見たそうです。ということで、私も齧ってみたら、何かに似ている。後から朝鮮人参だと気づきました。調べてみたら成分に重なるものがあるようです。

廣信さんは葛根を見るからに堅牢な機械で破砕します（この作業は機械がなければ尋常でない重労働）。眞弓さんのアイデアという洗濯機を使った方法で澱粉を根から濯ぎ落とし、きめの細かい袋で濾し取った「粗製葛」を森野さんに納めます。

森野さんの工場は今では機械化されており、地下水で葛を解いて沈殿させ、不要な水を排水する「水飛法」を10回ほど繰り返して精製します。吉野近郊で、雑菌の少ない寒の時期の地下水のみでこれを行うことを、森野吉野葛本舗では「吉野晒し」（寒晒し）と言います。最終段階では絹布でろ過して3〜4日放置し、上澄みを除きます。水揚げ後

吉野晒しの行程を何度も繰り返し、
白いダイヤと呼ばれる本葛粉になる

は上層を箆(へら)でかきとり、ブロック状に小割りして、乾燥室で60日以上陰干し。想像を超える手間がかかっているのです。

天然の葛根のみを材料にした森野さんの葛を練ると、少し赤くなる。葛そのものは甘くも辛くもありませんが、ただ風味が強い。これを掘り子の廣信さんは香ばしいと言いました。いや実際、熹子さんが作ってくださった「葛練り」はともかくおいしくて、以後、私は毎日葛を練っています。廣信さんはカレーうどんや葛豆腐（豆腐、豚肉、油揚げ、きのこを入れた醤油味の葛あん煮）に葛でとろみをつけて食べるのだそうです。

＊1　室町時代、南北朝の統一後、南朝最後の天皇である後亀山天皇の末裔として、吉野の山中で南朝の再建を目指した皇族
＊2　鹿の幼い角。強壮剤とされた

日本料理にはなくてはならない葛粉。現代では、本葛は貴重なものになり、掘り手も減少している。そのような状況にあって、森野吉野葛本舗は国内でも数少ない、本葛を作り続けている店として知られ、老舗和菓子店などからも引き合いが多い。葛の優しくあたたかな魅力に改めて気付いた取材だった

中国・四国

高知の田舎寿司

女仕事が支える日曜市

高知県高知市

日帰りもできる高知の日曜市へ

高知の女性は「はちきん」といわれることがあるそうです。男が敵わない気の強い女性を、いないところで揶揄した男どもの下品な言葉。だから、表立って使われることはほとんどありません。私の高知の女性のイメージは、「なめたらいかんぜよ」の台詞で知られた映画「鬼龍院花子の生涯」の主役・夏目雅子さんです。不憫な境遇にあっても、きれいに生き抜く覚悟のある芯の強さでしょうか。

高知には賑やかな日曜市があると聞いて、昨秋、行ってみました。高知空港へは羽田から1時間30分、空港から市内の中心まで車で30分。日曜市は高知城追手門から東に約1キロの道路2車線を利用して、両

高知城近くで行われる日曜市。元気なお母さんたちが自慢の採れたて野菜を販売中！

側にお店が並びます。この日曜市、なんと300年以上も続いているというのですから、驚きです。朝7時頃から店が始まるので、早めに市場に行けば東京からの日帰りも可能。今回は、日曜市で評判の「田舎寿司」を売る今井美弥子さんのお家で仕込みを見せていただくことになりました。訪ねるのは普通の家ですから、仕込みは女仕事なんですね。

私たちは今井さんのお家の近くで道を間違えたのですが、そろそろ日が暮れてくる時間で、白い幔幕を張った小さな祠から明かりと話し声が漏れていたんです。Uターンに手こずる間に車から降りて、ちょっと覗くと正装の宮司さんと地域の男衆5、6人が寿司折を置いてお神酒（みき）をいただいています。楽しそう！これはきっと秋祭り。だれでも歓迎するようで「どうぞお上がりなさい」と。お世話をする女性が一人、大鍋を火にかけて温かい汁を作っています。「これはモクズ蟹の汁です」。「モクズ？ おーモクゾウ蟹（＊）ですね」。姿はほぼ上海蟹

今井さんは田舎寿司名人。手際よく、こんにゃくに酢飯を詰めていく

で、黄色い味噌がおいしいやつです。蟹の姿が見えないのですが、鍋の底に沈んでいるのでしょうか。聞けば、蟹は殻ごとコツコツ叩いて身が全部汁に入っているのだそうです。そんなおいしそうな汁は初めてなんですが、早く目的のお家に行かねばと、後ろ髪引かれつつ車に戻りました。

当地の自然をいただく「田舎寿司」

さて、今井さんのお家で寿司作りの見学。すっきり整理された厨房は家の土間を改築し、冷蔵庫、棚や作業台が置いてあります。ポリシートを仕切りにして積まれたバットの中には押し寿司ができている様子。「これ、お母さん一人で作られたんですか」。銀皮を内側にした「太刀魚」、酢漬けの赤い「高知茗荷」、厚切りの生姜を忍ばせた「三角蒟蒻（こんにゃく）」、十字に切り込みを入れた黒い頭の「椎茸」。定番の「いなり寿司」、「巻き寿司」、立派な「鯖の姿寿司」。大物の鯖や鯛は、釣り好きの父さんが

小ぶりな鯖を丸々一匹酢で締め、飯を詰めた丸寿司

釣ってくるそうです。父さんは自慢の釣竿を見て欲しい様子。釣りの話を膨らませながら、少しずつ妻の仕事場に入ってくる。すると、裏口から声がして、さっきの祠のお母さんができたての蟹汁を持ってきてくださいました。もう、おいしいに決まってるでしょ。殻や身のタンパク質は火を入れると固まって、汁を完全に澄ませます。これはフレンチのコンソメ理論。具に喉越しのいいそうめん、リュウキュウ（後述）の斜め切り、ゴロゴロ固まったモクズ蟹の熱々の澄まし汁をはります。ハレの日の神人共食にふさわしい上品なすまし汁は軽み。なるほど、霜降り肉のように豪勢ならいいってもんじゃないんです。一つ一つの調理の意味に感心するのです。うれしい、ちゃんとした暮らしをしてはる。

その間も今井さんは手を止めません。お寿司の中で特に気を引いたのは「リュウキュウ寿司」と「筍のまんまの筍寿司」。リュウキュウは、南の方から来たハスイモのことで緑の茎を食べる野菜。蓮のように茎

巻物も多彩！　巻く皮は、卵焼きや甘辛く炊いた昆布、香りのよい海苔など

には空洞がある。皮をむいて湯にして長いまま甘酢漬けにする。色はきれいな緑、歯ごたえはシャキシャキ。筒状の筍寿司とは、孟宗竹（もうそうちく）の柔らかい穂先の空洞部分に寿司飯を詰めたもの。少しずつ半端に残った具は全部刻んでちらし寿司にするそうです。季節に応じて寿司の種は変わるのですが、肝心の寿司飯がよくなくては、いくら具を工夫しても飽きずにいただけません。米は弾力があり一粒一粒の姿がよくすっきりとして、柚子の絞り汁で整えた風味と旨味の豊かな酢はキレがある。甘みを控えて頼らず、ひと味、いやそれ以上にぐんと、高知の寿司の潔い美味の調和を作っているのです。一切を無駄にせず、けじめをつける仕事に感心します。自然に身につ

いた料理に対する心持ちは、技術よりも大事。

今井さんの仕事ぶりに見とれていたら、ふと我に返りお腹が空いていることに気がついて、教えてもらった居酒屋「まるふくや」に行きました。オススメは鰹の刺身。特別なことを期待せずに入ったお店でしたが、人生最高かと思うほどのおいしさでした。ここでも手際よく愛想よく、気持ちよい女の人たちがいたんです。いいなあ。

女仕事が支える良き暮らし

高知の日曜市はヨーロッパの朝市の雰囲気とよく似ているんです。それは普遍的な暮らしの食べ物、必要なものを、自分の手でこしらえて商品にしているところ。野菜・きのこ・果物・魚（肉）、あとフランスならチーズ、生ハム・ソーセージ・パンが、ここではたくあん、干物、寿司・餅・団子になっているのです。すべて家事の合間に、女の人が作ったものを台上に並べています。棚に並べられた野菜は、大地で収穫されたあと、箱詰めされたことも、冷蔵庫に入ったこともありません。だから棚の上でのびのび、モコモコと元気に並んでいるのです。その素朴な並べ方、売る人の姿が美しいから信頼するのです。

市場の女の人はみんな一生懸命です。山の畑でこしらえた芋・菜っ葉を担いで、土曜に一日仕込みして、日曜のたんびに市場に来る。お客さんが喜んでくれるのが嬉しいんですね。別に大きな商売にしようなんて考えなくて、皆が喜ぶからやる。自分にできることを続ける仕事が尊いのです。だから長く続いている。高知の女の人の力ですね。昔は海に出た男の人が戻ってこないなんてことも少なくなかったのでしょう。女はいつでもその覚悟をしていたんでしょう。ここでは女の仕事が土台になっているんです。だから高知の男は大きな世界に目を向けて大仕事に挑むことができたんですよ。

＊モクズ蟹の呼び方は地域によって異なる

今井さんが作った田舎寿司の豪華詰め合わせ。
海の幸と山の幸の饗宴だ

山や海で収穫した野菜や魚を、素朴な味付けでおいしくいただく。田舎寿司には、自然と親しくつきあう高知の人々の知恵が詰まっている

瀬戸内・国産レモンの島

一つひとつが美しく、逞しい広島の瀬戸田レモン

広島県尾道市

全国一のレモン産地・尾道市瀬戸田町は、瀬戸内の生口島（いくちじま）と高根島（こうねじま）、2つの島にまたがっています。しまなみ街道が通る生口島の瀬戸田港と海をへだてて200メートルほどの距離に高根島はあって、夏なら泳いで渡ってみたくなるほどの距離です。

かつてレモンといえば、緑のスタンプを押した安価なアメリカ産の輸入レモン。皮をすりおろすにも、洗剤で印が消えるまでごしごし洗って農薬を落とそうとしましたが、あまり使いたくないものでした。安心して食べられる国産レモンを認識したのは、平成に入ってからでしょうか。

私は苺や杏、夏蜜柑、林檎など季節の手頃な果物を見つけると、無性

高根島から望む、朝の瀬戸内海

にジャムを煮たくなるのです。果物が持つペクチン（酵素）は、レモン（クエン酸）と反応して自然なとろみがつく。色々な果物に1、2個分の厚めの輪切りを入れて煮ると、香りと酸味を補完する以上に、レモンそのものを食べる楽しみができました。

多島海に浮かぶレモンの島

三原駅から1時間ほど車を走らせ、土地勘を得るために生口島にある瀬戸田の中心街で車を降りて散策。平山郁夫画伯の出生地である瀬戸田町には、平山郁夫美術館があって、良き時代のシルクロードや敦煌を描いた圧巻の大作が見られます。美術館内には敦煌の土を使って厳密に再現した莫高窟（ばっこうくつ）57窟があり、用意された懐中電灯を手に持ってリアルな擬似探検もできます。ほかにもアフガニスタンの人々のスケッチや身近な風物を描いた幼年期から青年時代の作品が展示され、島に生まれた若者の豊かな感情ほとばしる作品にワクワクします。1枚の絵に見入っていると、画伯のご令弟でもある平山助成館長が、「1955年(昭和30年)頃の瀬戸田の煙草蔵です」と教えてくださいました。

1954年、高根農業協同組合が、柑橘栽培の優良統制組合として東京都長官より表彰された記念に発刊した『高根島柑橘の沿革』によると、高根島は、古くは大豆、小豆などの雑穀のほかに綿の栽培地として知られ、明治の初年頃、綿産地として地価を高めました。

柑橘栽培は、日清戦争の戦勝記念に夏橙の苗木を各農家に3本ずつ植えたのが始まり。山の傾斜地を利用して柑橘栽培が島に広がっていきます。レモンは、昭和天皇即位記念として農家各戸へ3本ずつ配布したとあります。島の土壌は花崗岩系で水はけが良く、平均気温が15・6度と温暖、降水量は少ないという、柑橘栽培に格別適した風土がありました。

70年代の蜜柑の販売価格の大暴落も、瀬戸田蜜柑の品質の良さと多品種化で乗り越えます。2008年(平成20年)には、柑橘類の栽培品目は20種を超えました。自身もレモン農家であるJA三原せとだ柑橘販売課・片山武志さんによれば、瀬戸田町のレモンの多くは、低農薬で皮まで食べられる「エコレモン」（特別栽培農産物）として、広島県に認証されているそうです。

島の暮らしに彩るレモンの実り

1978年頃、パリ・サンジェルマンの小さな映画館で、瀬戸内の小さな島の暮らしを描いた新藤兼人監督の「裸の島」（1960年）を観ていました。後年知るのですが、モスクワ国際映画祭グランプリを受賞し、高い評価を受けて世界中で上映されていたそうです。主人公の夫婦（乙羽信子、殿山泰司）が住む島に真水はなく、畑の水も飲み水も、生活に必要な水一切を、大きな島まで船を漕いで汲みに行くのです。水を汲んで島に戻れば、天秤棒に桶を下げて急斜面を上り畑の野菜に水をまく。冬は小麦、夏はサツマイモを育てる自給自足で2人の子を育てる厳しい暮らしです。「裸の島」は台詞の一切ない映画だけに、必死に生きる夫婦の姿が、若い私の目に焼きつきました。島の農業には、島特有の苦労がありました。

　高根島で50種類の柑橘を栽培する小河章壮（おがわしょうそう）さんに映画の話をしたら、島の気候風土ならサツマイモだって格別おいしく育つのだそうです。

小河さんが育てている柑橘類。これでもほんの一部！

　1971年に生口島と高根島に橋がかかるまで、高根選果場から三原の糸崎港に蜜柑を運ぶにも船を使っていたそうです。高根島には井戸がたくさん掘られたようですが、近代化によって、ようやく山の高いところまでポンプで水を送れるようになります。油断すれば転げ落ちるような山の斜面を上り下りする柑橘栽培は、島人の根性と体力と明

柑橘研究に余念がない、
高根島の柑橘農家・小河章壮さん

るさを作ったのでしょう。

東京農大を出て家業を継がれた小河さんは、1951年生まれ、14代続く小河家の当主です。「高い山」を意味する高根（島）が、次々と柑橘の畑になっていく中、父は葡萄や李、サフランを植え、ミツバチを育て、羊を飼って毛糸にし、山羊の乳を搾ったそうです。小河さんの探究心は父親譲りでしょうか、「我は我」と若くしてJAを離れ、独自で販路を広げ、開拓者精神を発揮して柑橘栽培に打ち込んできたのです。

ご自宅を訪ね、築200年を越す館の座敷に栽培されているすべてのレモンや蜜柑類を並べて、海を望む日当たりの良い縁側で、次々とレモンの試食をさせていただきました。リスボン（原産はポルトガル）、ベルナ（スペイン）、ビラフランカ、シシリー、スイートレモン（いずれもイタリア）、ユーレカ（アメリカ）、璃の香（リスボン×日向夏）、オタハイト（タヒチ）……初めて見聞きするものも多い。リスボンを切ったとたんに爽やかな香り。輪切りをそのまま口に入れると、皮の苦味淡く、果

太陽を浴びた果実で作る
レモンチェッロは最高！
小河さんの独自レシピに
よる手作り

樹の酸味はスッキリ以上に旨味さえ感じます。そのままレモンの輪切りを食べて「おいしい！」と感じたのは初めてです。次にベルナの香りはリスボンに比べて深く、苦味も程よくえぐみもありません。

レモンは皮も実も「全部食べるもの」と、小河さんは安全安心を第一に、見かけを良くするための化学農薬は使いません。傷や斑点はレモンを逞しくおいしくするのです。それには私も大賛成。きれいさ、立派さを重視する日本の果物販売は、生産者にコストと苦労をかけるばかり、そろそろ終わりにしてはいかがでしょう。私たちが傷つけてしまったかけがえのない地球。これからは、私たちがいたわる番だと思います。

瀬戸内の穏やかな気候と、降り注ぐ太陽に育まれたレモンは香りにふくらみがあり、酸味が優しくジューシー。明るいレモンイエローが島のあちらこちらを彩っている

日生湾のふっくら冬牡蠣

海を育て、海の恩恵で生きる牡蠣の町

岡山県備前市・和気町

今回の目的は、備前市日生(ひなせ)の牡蠣ですが、寄り道したいところがたくさんありました。岡山駅から山陽本線で吉永駅に向かい、車で10分ほどのところに、「旧閑谷(しずたに)学校」があります。時刻はちょうど時分どき、まず立ち寄ったのが、旧閑谷学校近くにある手打ち釜揚げうどんの「大森製麺所」です。満席でしたが、ちょうど席が空いて、大きな声の明るいお姉さんが呼び込んでくれました。一人で取り仕切る彼女の手伝いをお客さんがしているのが見ていて面白く、食べる前からここのおうどんはおいしいやろなあ、と思いました。そうか、備前のお向かいは讃岐なんですね。

旧閑谷学校は日本最古の(武士ではなく)庶民のための公立学校で

旧閑谷学校近く、戦前から続く「大森製麺所」は、大おばあちゃんの大森いとえさん（中央）が切り盛りする地元の人気店

す。江戸時代前期の1670（寛文10）年に岡山藩主・池田光政が閑谷の地を訪れ、「山水清閑 宜しく読書講学すべき地」と称賛しました。学問を奨励した光政公の「リーダーを養成する学校」にという思いを実らせ、30年後に完成。時間をかけて、傷まぬように、火事を出さぬように、質実剛健に細部に工夫を凝らして堅牢な学校が建てられました。敷地をぐるりと囲む角を丸く落とした石塀は、備前焼の瓦で葺かれた赤い屋根の正門と相まって、沖縄の城を見るよう。石塀は石と石がぴっちりと隙間なく合わさり草一本生やさぬ工夫が施され、300年を経た講堂の大屋根は、今も赤銅色に輝いています。

知恵を集めた閑谷学校は、廃藩置県、学制の大改革という変化も、元藩士や民間有志に守られ、1921（大正10）年、県営の岡山県閑谷中学校となり、正宗白鳥（まさむねはくちょう）はじめ多くの俊秀を輩出しました。講堂は、今も「論語」の素読の場に使用され、拭き漆の床は、講堂を使用した研修生たちが磨いていそうです。気高い思想が込められた建築美に圧倒

旧閑谷学校は、数ある学校建築の中でも特筆すべき存在。静かな山間に、突如として孔子廟を擁する広々とした江戸時代の唐様建築が姿を現す

されてしまいました。

海づくりから始まった

日生と備前を結ぶ日生大橋の際で車を降り、森のある島々を眺めました。美の神様の計らいでしょうか。日生諸島の風景は、深山と繋がる理想の海です。島々の間に日生牡蠣の筏が整然と連なり、自然と人間の営みが調和するのは、日生の人々の「里海づくり」プロジェクトの成果です。人の手で海の環境を整える努力は、もう35年以上続いているそうです。水質を浄化するアマモという海藻の森を育てて、海の循環システムを守るのです。

翌朝、日生町漁業協同組合の天倉辰己（あまくらたつみ）専務理事に、牡蠣剥き工場を案内していただきました。印象的なのは作業場の清潔さ。いやな臭いがなく、ベテランも若者も素早く手を動かし、牡蠣殻の山を作ります。驚いたのは、牡蠣の身の白さ。丸くふっくらして、見るからに上質だとわかります。

日生の牡蠣は、毎年夏、束に連ねた帆立貝を海に沈めて牡蠣の赤ちゃんを採苗します。これを1年間、浜に近い棚に移して牡蠣を鍛えます。通常、貝は2日も海から揚げれば死にますが、牡蠣は10日ほど生きているそうです。牡蠣の生命力の強さが滋養になるのです。潮が満ちた時に稚貝は海に沈み、潮が引いた時に陽に晒されて殻を開く。貝は開け閉めを繰り返し、弱い稚貝は淘汰され、強い稚貝だけが残るのです。翌春、波穏やかで餌の少ない漁場の筏(いかだ)に吊るし、餌をお預けして成長を抑えます。9月頃、ようやく餌の豊富な漁場へ筏ごと移して餌をたっぷり食べさせ、一気に大きくします。短期間で大きく育てることが、あの白さとふくよかさの秘密です。日生の豊かな海が無限の命を育みます。収穫は10月下旬から翌年4、5月頃までだそうです。

日生の牡蠣を食べるなら、第一にバーベキュー場のある日生町漁協

火入れしてもふっくらはち切れんばかりの大きさで、身が縮むことの少ない日生の牡蠣。バーベキューはもちろん、鍋やフライにも最適

水産直売所「海の駅しおじ」でしょう。向かいにある、漁師の奥さんたちが魚介を販売する魚市場「五味の市」で買った牡蠣を持ち込んで、炭を使った焼き牡蠣が楽しめます。シーズンの休日、海のバーベキューは壮観です。屋外ですから温かくしてお出かけください。火バサミで炭を組んで熱源を整えて、牡蠣を並べます。自分で食べる牡蠣を自分で焼く。原初の人間もこうやって食べたことでしょう。こんな当たり前の料理が都会ではできなくなったのです。ご家族やご友人同士で毎年の恒例にするのもよいでしょう。

さて、牡蠣の焼き加減を確かめます。グツグツと煮立ち開きかけた殻を、軍手をはめた手でグイッと開きます。大切なのはこの時！殻の平たい方を上にしておかないと、滲み出た貝汁を逃します。開ければ、コロリと身を膨らませた牡蠣の身が現れます。日生の1年貝は、余分な水分が少なく、火入れしても身痩せしません。レモンをギュッと絞って頬張ると、日生の牡蠣が特別であることがわかるでしょう。真

カキオコ発祥の店「お好み焼き ほり」で女将さん（右）が焼いてくれたカキオコ。生地は先代より伝わる特製の出汁入り、ソースは地元のタイメイソース。そして、大きな牡蠣がたっぷり！

珠のように白い身は柔らかく、珠の外、口当たりが滑らかで、軽く噛み切れます。次の瞬間、清らかな牡蠣の甘さを含む濃厚な味が口中に広がります。

備前が誇るご当地グルメ・カキオコ

どうしても食べとかなあかん牡蠣料理が「カキオコ」。カキオコの始まりは売り物にならない小さな牡蠣を無駄にせず、漁師のお母さんがお好み焼きに入れて焼いたこと。今は、立派な牡蠣をどっさりごろごろ気前よく載せてくれます。お好み焼きといえば迷わず豚肉と思いますが、牡蠣だけは豚肉を超えるポテンシャルがあるかもしれません。ソースにも負けない肉のような旨さが、牡蠣にはあるということです。

熱した鉄板に生地を敷いて卵を割り、その上にキャベツとネギ、剥き牡蠣を山盛りに載せるのです。それにしてもカキオコを焼いてくれるお母さんの元気さ、肌艶の美しさは、毎年春まで毎日牡蠣を食べるからでしょうか？　質問に答えられないほどの忙しさです。人気店には行列ができるのです。生地が焼けて全体がふっくらとしてくれば、牡蠣の上から生地をかけ、ポンと勢いよく返します。牡蠣に焼き色が付くまで焼いて、もう一度ポンと表に返して、ソースを塗って焼き上がり。お母さんが焼いているのを見ながら待つのがいいんです。

日生の牡蠣は、豊かな自然と人間の健全な関係のもとに生まれるのです。この町を歩くと楽しくなるのは、お母さんたちの優しさと強さに出会えるからですね。

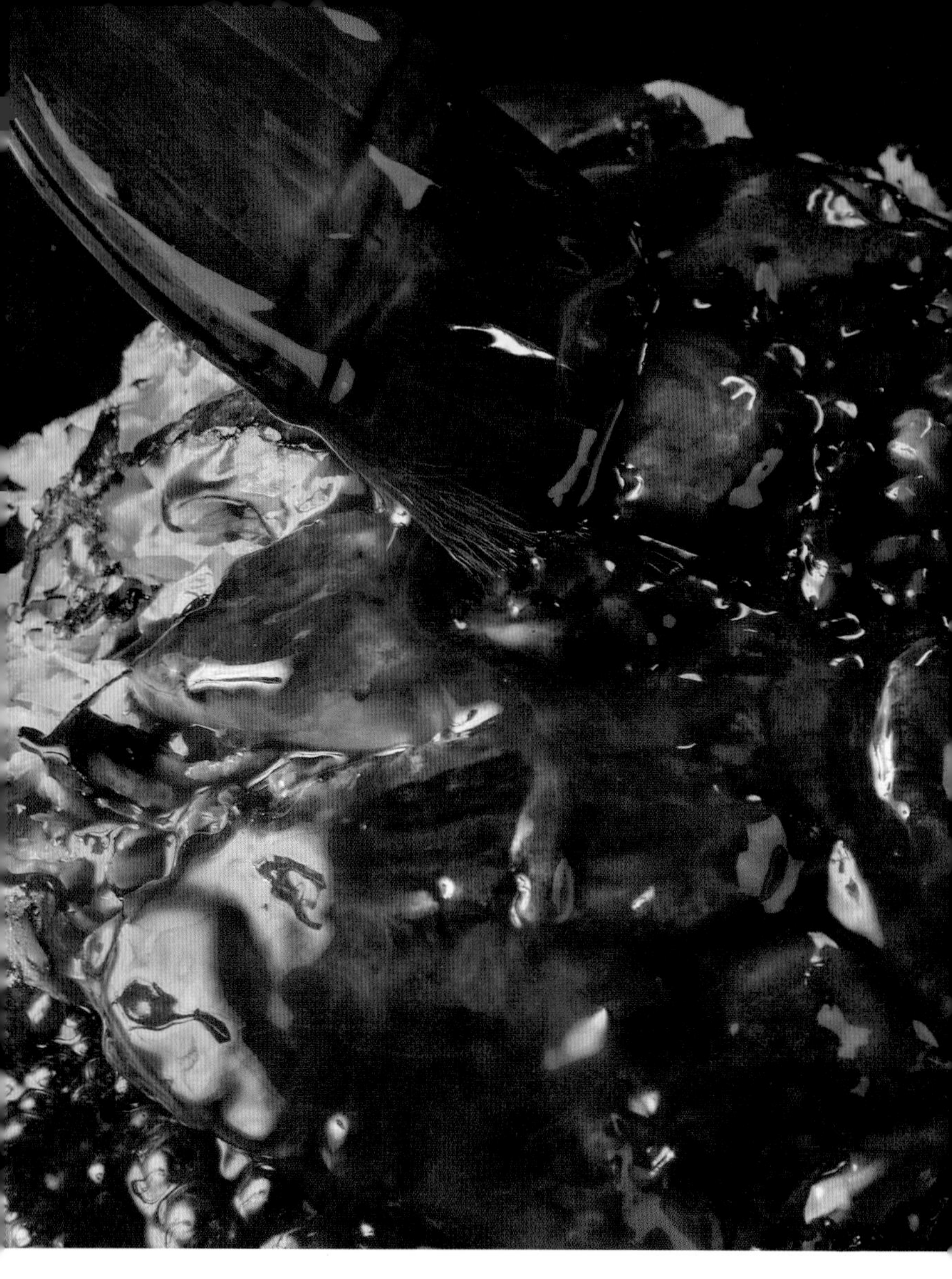

日生湾でとれる牡蠣は、ぷりぷりでうま味の濃い牡蠣。島に囲まれた日生湾は波が穏やかで筏を浮かべやすく、周囲の島山からは養分が注ぎ込む牡蠣養殖に適しているためだ。冬はとくにカキが太り、最高の味わいに

古式作りの讃岐和三盆

香川県東かがわ市・高松市

高松藩への献上品だった和三盆を今も当時の製法で作り続ける工房

高い山のない香川県。高松市街を出れば、どこも見晴らしがよく、のどかな風景が現れます。昔話の絵本にあるような丸みのある山を地元では「おむすび山」というそうですが、山好きの仲間のひとりが「ぽんぽこ山」といったのもかわいらしい。

高松市街から東へ向かうと、海沿いに、ハワイのダイヤモンドヘッドにちょっとだけ似た高松のシンボル屋島（やしま）（＊1）が見えてきます。「わー、なつかしい」と思わず声に出したのは、父方の大叔父が市内に住んでいて、中学生頃までは毎年夏休みに訪ねていたからです。朝から河岸に行って買い付けたスズキやタコ、小さなカレイを料理してくれるのが何よりの楽しみでした。屋島のおいしいうどん屋にもよく行きまし

屋島から見下ろす
瀬戸内の多島美

た。「うどんは生醤油（きじょうゆ）が一番やな」という大人の話を聞いてから、源平の古戦場が眺められる屋島の展望台まで、ケーブルカー（2005年に廃止）に乗ったりしたものです。

おすすめしたい2つのミュージアム

今回の目当ては日本の宝、「和三盆」。取材前日、前から気になっていたイサム・ノグチ（＊2）庭園美術館と、「砂糖しめ小屋」（サトウキビの絞り小屋）がある四国村ミウゼアムに立ち寄りました。

イサム・ノグチは日本人の父とアメリカ人の母との間に生まれた世界的アーティスト。自作の石垣に囲まれたイサムのアトリエと旧居が美術館になっています。イサムはアメリカやパリに渡って活動し、自身の哲学を純化して、29歳で「この地球そのものが彫刻ではないか」と閃（ひらめ）いた。後年、庵治石の産地である高松市の牟礼（むれ）に住居とアトリエを構えてニューヨークと香川とを往き来し、制作に励みました。「自然と

左は四国村ミウゼアムに移築された砂糖しめ小屋。右はイサム・ノグチ庭園美術館のオブジェ

人間の秩序が織りなすハーモニー」というイサムの彫刻作品がたっぷり見られます。

四国村ミウゼアムは、江戸～大正期に建てられた33棟の古建築（多くは農家）を移築した野外博物館。重要文化財に指定された砂糖しめ小屋は、丸くて可愛いらしい遊牧民のゲル（丸い形のテント）のよう。中に入ると、歯車がセットされた3つの石臼（石車）と回し棒、柱があります。回し棒につながれた牛が石臼の周囲を歩くと石臼が回り、差し込んだサトウキビがぎゅうっと搾られ、汁が集まる仕組みです。江戸末期に建てられた堅牢な建物で、太さの違う天然木で柱と梁を組んでいます。どういう手順で建てたのかは研究者にもわからないらしく、いまや失われた建築技術です。

和三盆を生んだ工夫の風土

和三盆の優しい甘さはもちろん知っていましたが、自分で菓子や料

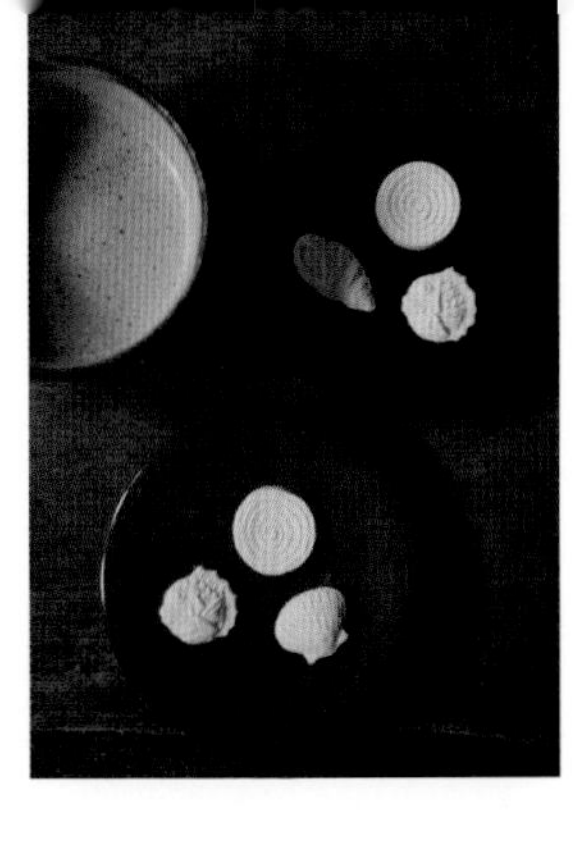

優しく上品な甘さの和三盆

理に使ったことはなく、実際には何もわからないというのが本当のところ。屋島から東へ約40キロの東かがわ市へ足を延ばし、和三盆を手作りする三谷（みたに）製糖羽根さぬき本舗を訪ねました。

和三盆はサトウキビの絞り汁を煮詰めて、飴色の白下糖（しろしたとう）（黒砂糖）を作ります。綿布で包んだ白下糖を木製の圧搾機（押し船）にかけて蜜を搾り抜いたら、木の台（盆）の上で手もみして研ぎ、まろやかな甘みを引き出すのです。この研ぎを3回繰り返したことが、和三盆の名の由来です。

讃岐和三盆の誕生は、砂糖、綿、塩の「讃岐三白（さぬきさんぱく）」を奨励した高松藩5代藩主・松平頼恭（よりたか）が、侍医（じい）であった池田玄丈（げんじょう）に砂糖の生産を委ねたことからです。最初は失敗の連続でした。なんとか作れても甘くない黒砂糖しかできず、二束三文にしかなりません。薩摩から持ち込まれた良質の種キビも高松ではうまく育たず、冬の霜にやられてしまいます。そのため冬の間はサトウキビを屋内に取り込んで、畑に堆肥をどっさりやって丹念にすき込み、春に植え替えて一気に大きくし、12月に収穫していました。手をかけた高松のサトウキビの値段はよそに比べて20倍。それでも、玄丈やその弟子・向山周慶が製糖法の研究を繰り返し、蜜を抜く（＊3）ことでおいしい砂糖を作る技術を開発したのです。

押し船に80キロの石を5つ吊るし、その重みで白下糖の蜜を抜いていく

三谷製糖羽根さぬき本舗の三谷昌司社長

和三盆作りの原型となるこの門外不出の製法は、１８０４（文化元）年に5軒の家に伝授されますが、今も残っているのは三谷家だけになりました。

工房で行われているのは、木製道具や石を使った古式製法。不純物を沈殿させて除いたサトウキビの汁を火にかけ、アクを除いた白下糖を作り、50キロの石を5つ長い棒にぶら下げ重石を効かせ、一晩置いて蜜を抜く。抜いて固まった白下糖を、職人４人の腕力で細かく砕き、水を入れて研ぎ、大きな団子にまとめ、もう一度押し船に入れて蜜を抜く。この「研ぎ」と「船」の作業を、三谷製糖羽根さぬき本舗では、結晶がより白くなるまで5日間繰り返します。作業を繰り返しながら工房に並んだ押し船に順繰りに移すその間に発酵が加わり、和三盆の香りとコクが生まれるのです。6日目はそのまま慣らし、7日目にしてようやく白い和三盆の出来あがりです。和三盆とは生まれながらのお菓子。木型で抜いた打ち立ての和三盆は、ひんやりとした感触で舌に

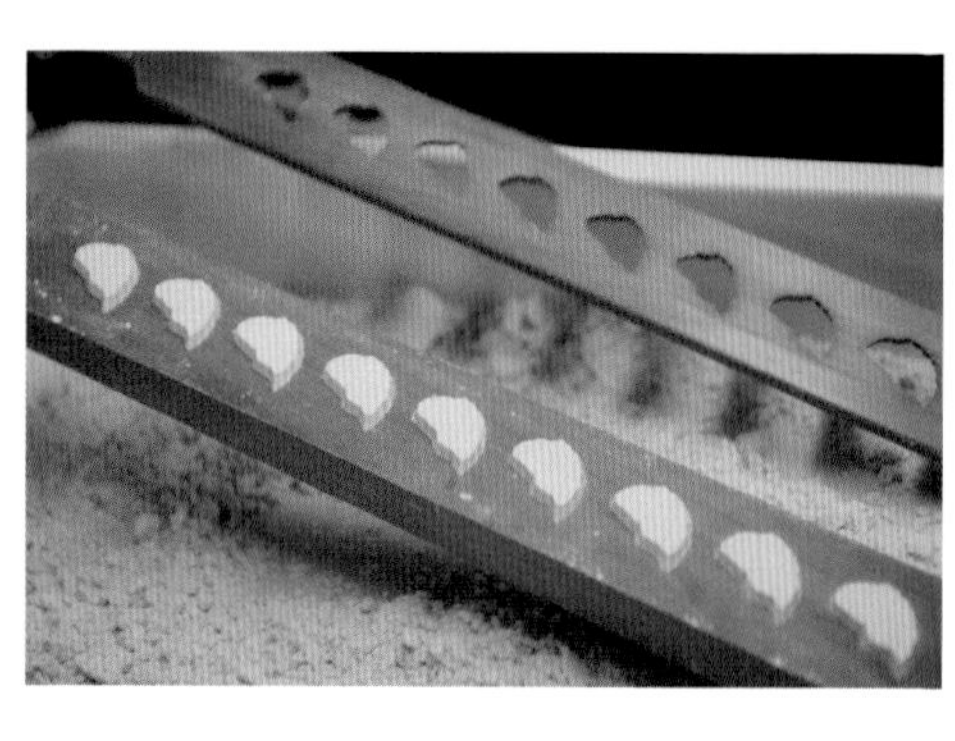

手で木型に和三盆を詰め、
ひとつひとつ型抜きする

染み込むように溶ける。軽みを極めた甘みは初めての体験でした。

8代目当主・三谷昌司(しょうじ)さんの話は面白く、仕事中に出会った〝偶然〟を生かしてきたことがわかります。たとえば、工房のヘナ(＊4)に落ちた黒砂糖液が結晶化したのを偶然見つけ、素焼きの瓶に入れれば結晶になりやすいことを知り、工程に採用したそうです。和三盆の価値はこのような工夫と努力の継続の歴史にあり、その蓄積が、唯一の讃岐和三盆を完成させたのです。イサム・ノグチは、「彫刻とは形を生み出す作業だが、大切なのはそこに至るまでの思考のプロセスである。その深度が全てなのだ」と言います。それはいみじくも、和三盆作りの歴史の深さに重なります。

そんな古式づくりの和三盆は、結果だけを求め、いかに合理的にたくさん作るかを考える現代人には絶対行きつかないところ。そうした効率優先のふるまいに対し、数学者の岡潔(＊5)は、何がエッセンシャル(大切なこと)で何がトリビアル(瑣末なこと)なのかを見分けようと言ったのです。

ところで香川県といえば「あん餅雑煮」。由来を伺いたいとお尋ねしたら、三谷家はあん餅雑煮ではないそうです。それどころか、和三盆は自由に売ることも食べることも許されず、すべて高松藩におさめていたとのこと。和三盆という稀有な製糖文化を持ちながら、砂糖が食べられなかった讃岐の庶民の切なさと、甘い砂糖への憧れが、あん餅雑煮になったのかもしれません。

＊1 源平合戦の戦場として知られる、屋根のような形の溶岩台地。山上からは高松市街や瀬戸内海が一望できる
＊2 1904〜1988年。彫刻家として知られるが、モニュメント、庭や公園などの環境設計、家具や照明のインテリアから舞台美術までを手がけ、幅広く活躍
＊3 粗糖(そとう)から液状の黒い糖蜜を抜く（分蜜）ことで、砂糖の結晶を取り出す作業
＊4 石灰と粘土質の土、ニガリを混ぜて作った土間
＊5 1901〜1978年。近代の数学者。数学界の世界的難問であった多変数函数論の分野で答えを導き出した業績により、文化勲章を受章。一方で日本的情緒や情操教育の大切さを随筆などで世に語りかけ、その箴言は今も多くの日本人の心に響いている

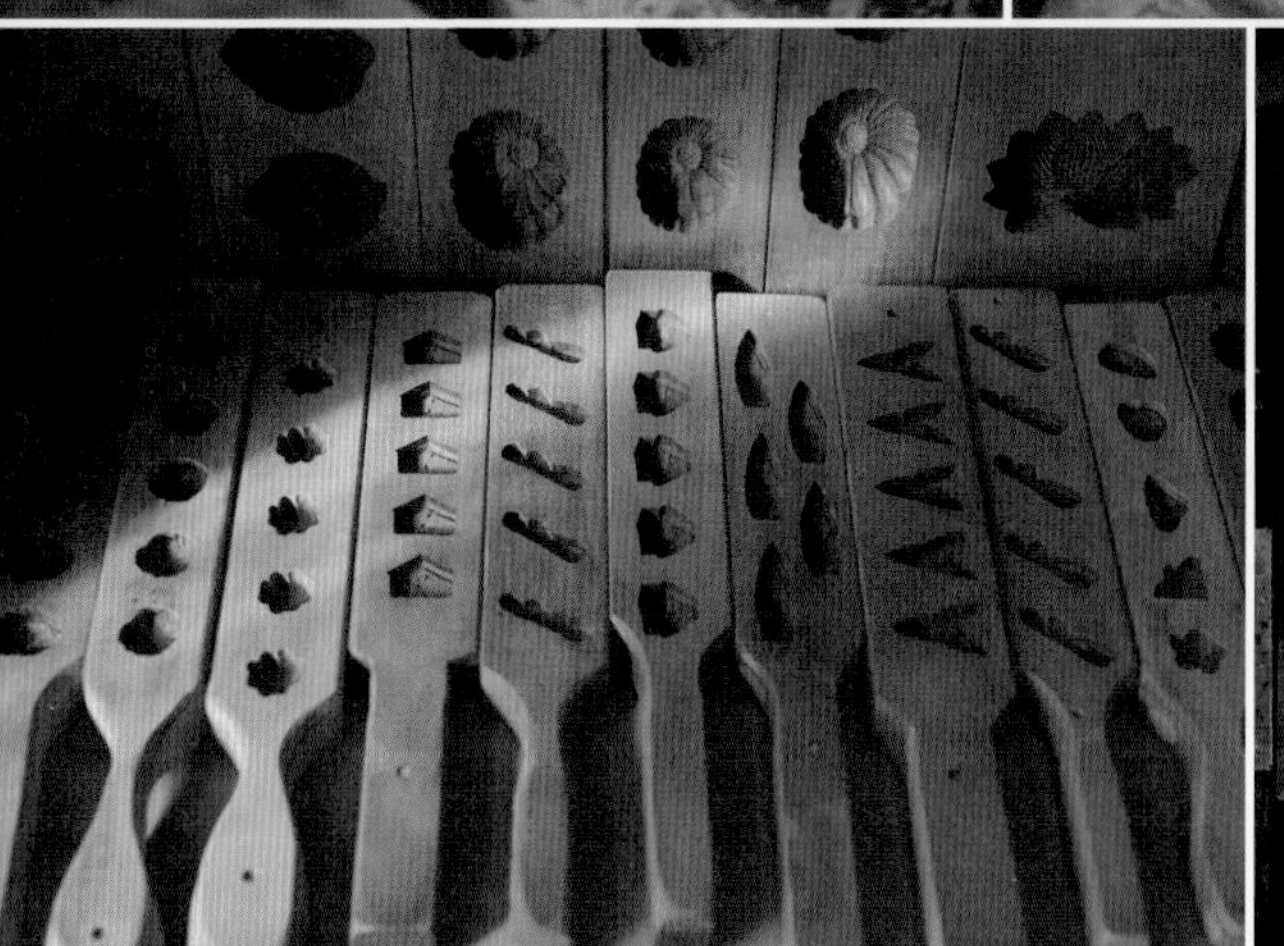

三谷製糖羽根さぬき本舗では、サトウキビの汁を絞って発酵させ、重石で蜜を抜く。職人たちが蜜を抜いた白下糖を揉んで研ぎ、やがて白い和三盆糖ができあがる。繊細な仕事ながら重労働。しかし、そうしてできた和三盆の甘さは軽みがあって優しく、身体を癒すような甘さだ。先人の知恵と技術がいまもそのまま受け継がれていることに驚く

九州

香気とうま味の奥八女茶

星降る村でお茶とともに生きる人々に出会う

福岡県八女市

関西では、食事中にほうじ茶を飲むことが多いです。懐石料理屋でも、料理の前は白湯（さゆ）や塩湯、お料理にはお酒を勧め、食事中はほうじ茶、最後にお菓子とおうす（抹茶）。これは料理にうま味の濃い緑茶は合わぬという考えによります。近頃は、コーヒーや紅茶という楽しみも増え、緑茶を飲む機会は案外少なくなったように思います。

それに日本の飲食店では、お茶は料金を取らないのが慣習なので、私など少々無頓着になっていて、日頃の慌ただしさにお茶の味をさほど意識せず過ごしていたかもしれません。丁寧に入れてくれたお茶に「新茶だよ」と言葉を添えられて、白磁の茶器に澄んだ緑を認め、ようやく季節を思い、清らかなおいしさや味を楽しめるのです。

福岡県の南東部、大分県との境に位置する星野村では、急峻な地形を生かして山や川沿いの斜面で茶栽培を行う農家が多い

評判のお茶を育てる九州の小さな村

今年の東京の桜は入学式を待たず足早に通り過ぎた感がありますが、一方で新緑は常よりも早く、花を追い越す勢いでやってきました。今回は、近年、茶人の間でも評判の福岡県八女市の星野村のお茶。早い芽吹きに合わせ、4月初旬に訪ねました。

茶にも中国茶や日本茶、色も緑や茶、赤といろいろあるわけですから、ひとまず知識を整理しようと「茶の文化館」で学びます。さっそく、茶の手揉み体験。冷凍保存していた蒸し茶葉を解凍し、手揉みして両手にまとめると、しっとりした茶葉の柔らかさに驚きます。茶葉を手に擦りつけるようにして成分を滲出しやすくし、電子レンジで水分を飛ばす工程を4回ほど繰り返して乾かしたら、茶（荒茶）の出来上がり。缶に入れてお土産にしてもらえます。

手揉みの後、玉露、煎茶、白折（茎茶）、番茶、ほうじ茶の色を比較し

茶の文化館で茶揉み体験ができ、作ったお茶はその場でいただける

て見せてもらい、しずく茶（玉露）を飲んでその茶葉を酢醤油でいただきました。終始、茶の香りに包まれ、学ぶ楽しいひととき。

ここで、私の学んだ理解をざっとお話しします。さまざまにある茶も、元は同じ茶の木！　インドでは茶葉を完全に発酵させた紅茶、中国では途中で火を入れて（釜炒り）、発酵を止めた烏龍茶。日本では摘み取ってすぐに蒸して火を入れ乾燥させた緑茶と、緑茶を焙じた（強火で炒った）茶色のほうじ茶。もちろん中国にも緑茶がありますが、生葉を蒸してアクを抜き、清らかなうま味を際立たせるのは日本のお茶だけだそうです。

八女・星野茶のおいしさの秘密

翌日、清々しい朝を迎えて、「星野製茶園」に向かいます。道中、茶畑のある里山から鶯のよき囀り（さえずり）が聞こえていました。私は以前から、こちらの苦味の少ない、ふくよかな甘味のある抹茶を好み、訪問を楽し

左上から時計回りに白折(茎茶)、煎茶、玉露、番茶、ほうじ茶(茶の文化館)

星野製茶園の「伝統玉露」の茶畑。直射日光に当てないよう、稲わらの薦（こも）で覆われている

みにしていたのです。専務の山口真也さんに、星野茶のおいしさの理由を訊ねました。「良い茶の産地とは山間にあって寒暖差が大きく、雨が適度に降って、しばしば霧に覆われるところです。しかし、茶は土を選ぶ植物と言われるのですが、星野村周辺、八女の土壌は、窒素、リン酸などの成分だけでなく、良質な茶に必要な微量要素（＊）が含まれており、それが味、香り、色を際立たせていると考えます」。星野村は、明治頃までは金山があって2000人もの鉱山労働者が働き、たいへん栄えていたそうです。茶が八女に入ってきたのは1423（応永30）年と言われますが、それぞれの家の庭先で茶の木を育て、家庭で茶葉を釜炒りして飲んでいました。茶が産業となったのは、ここ100年くらいだそうです。

若々しい穏やかさのなかに時折見せる真也さんの眼光の鋭さは、「よき茶を作る仕事」に磨かれた感性によるものだと思います。後から知ったのですが、味覚、嗅覚、視覚など五感を使って茶の品評を行う全

星野製茶園専務の
山口真也さん

国茶審査技術競技大会では3回優勝（準優勝2回）、史上最年少で茶利きの頂点「茶審査技術十段」に認定されているそうです。

真也さんが話をしながら、手元に茶器を置いて急須に玉露の茶葉を入れ、頃合いに温度を下げた湯（約60度）を注ぎます。1～2分おいて、小ぶりな湯呑みに注ぎ分け、間を置いて茶を振る舞う動作は、さりげなく格好がいい。茶の淹れ方によってうま味を強くしたり、苦味を忍ばせたり。私も茶器を揃えてやってみたくなりました。

1904（明治37）年、茶文化の伝統ある星野村に蒸製（じょうせい）緑茶製造技術が入り、山間地を玉露、平坦地を煎茶と分けたことで、茶業が発展します。星野村の風土から生まれた茶は、濃厚で甘味が強く、苦味、渋みの少ない性質は特に玉露に現れ、最高級茶として評価されたのです。

玉露の部で5年連続日本一の星野村の茶は、品質を最高に保つために、手間を惜しまない茶樹栽培を行っています。お茶の場合、化学肥料を使うと味が薄くなって苦味が出るので、うま味を蓄えた玉露の新

星野製茶園の茶畑では、社員のお母さまが自ら進んで雑草取り

芽のための土作りは、質の良い有機肥料を与えること。まるでフランスの珍味フォワグラを作るような贅沢な栽培法だそうです。

星野村の「伝統本玉露」の呼称を許された玉露には、厳しい定義（約束）が設けられています。①土作りが十分になされ、枝を剪定せず「自然仕立て」にした茶園、②新芽が伸び始める4月から5月にかけての20日間程、遮光率96パーセント以上になるように茶園に稲藁をかけた「覆下栽培（おおいした）」をして、適採期を的確に見極め、1年に1度、手摘みすること。

茶葉は刈り取ったあと蒸機で蒸し、冷却機で水分を飛ばしながら冷まし、粗揉機で揉んで熱風で乾かします。ふるい、形を整え、火入れし、風を当てて選別し、いくつもの機械を通して仕上げられます。機械化する以前は、水分を飛ばす工程も手作業。炭を熾し、和紙を敷いた焙炉の上で茶葉を揉んでいたのですから、よほど忍耐のいる仕事だったのでしょう。

取材日は茶業の伝統技能の競技会を開催しており、星野製茶園会長の山口泰義さん（右）が昔ながらの茶揉みを若い社員に教授

玉露同様に栽培し、手摘みした新芽を蒸したのち、茶葉の葉脈をとって乾燥させたものを「碾茶（てんちゃ）」と言います。碾茶を茶壺に詰めて半年ほど寝かせ、茶味の角を落とし、石臼で挽いたものが抹茶です。昔は石臼を手で回したのだから、抹茶とは、いかに貴重なものであったことか。

ごまかしのない本当の茶の伝統と茶味の楽しみを伝えることは星野村の皆さんの願いです。本物のお茶を知り、家庭生活で忘れていた、茶をゆっくり楽しんで、心潤う流れる時を取り戻そうと思います。

＊　マンガン、硫黄、銅、亜鉛、ホウ素など

高いところでは標高1000メートルにも達する星野村の奥八女エリアでは、朝夕の寒暖差が大きく、日照と清涼な空気がうま味ある茶を育む。茶業に携わる人々の、おいしい八女茶を守ろうという意識は高く、いまや奥八女の茶を特に好む茶人もあるほどだ

職人一家の鰹節

鰹節づくり一筋、鹿児島の鰹節職人を訪ねて

鹿児島県枕崎市

炭火でこんがり焼いたお餅を大椀に入れ、削り鰹を載せて、鉄瓶で煮沸かした湯を注ぎ、醤油をたらしていただきます。削り鰹の香りと焼餅の香ばしさが湯気に乗って立ち上り、それぞれの風味が優しくつゆに溶け合います。ハレの日のご馳走に満足し、すっきり軽い味が欲しくなったとき、手をかけず、その場でつくる即席のお雑煮です。

我が家の削り鰹の使い道はいろいろ。軽く炒ってほうれん草のおひたしにかけます。炒ることでしゃりっとして風味が増すのです。ほかには、削り鰹に醤油をまぶしたおかかのおむすび。お弁当の白いご飯におかかを敷きつめて海苔を重ね、さらにご飯をかぶせて梅干しを載せる。これでおかずは卵焼きとほうれん草だけで良いのです。

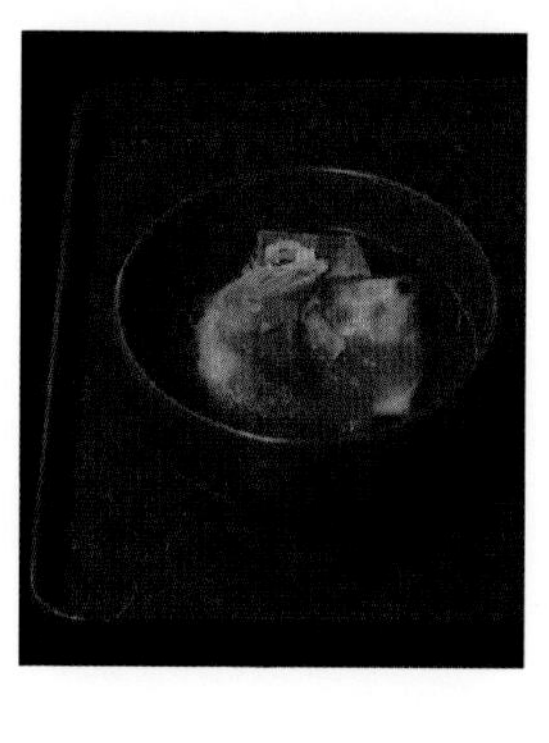

土井家の御雑煮。朱塗り椀に焼餅を入れて汁を張り、削り鰹を載せるシンプルなごちそう

私の鰹節考

縄文時代の遺跡から鰹の骨が発見されているのだから、人間とはずいぶん古いつき合いなんですね。時速約60キロで泳ぐと言われる鰹を、舟で沖に出て釣り上げていたのでしょうか？　日本最古の歴史書『古事記』にも「堅魚」の記述があり、鰹節は3世紀中頃にはできていたと考えられているのです。回遊魚の鰹は、漁期が来ればいっぱい獲れたはず。すぐには食べきれないので茹でたのでしょう。茹でた鰹は、今の生節（生利節）と一緒。焼き豆腐と一緒に、生姜を利かせて甘辛く煮つけるとおいしい生利節ですが、当時はどんな食べ方をしていたのでしょうか。ともあれ、小魚を茹でて乾燥させ、保存性を高めた煮干しと同じで、茹でた鰹も乾燥させたのだと思います。

この列島には、古よりどの家にも囲炉裏があって、その上に吊られた火棚に魚を並べて干していました。自然に焙燻された魚は保存性が

枕崎港そばの枕崎お魚センターでは、
名物の藁焼きカツオがいただける

高まり味も良くなって、鰹節のようになったのかなあ。相当に堅くなった鰹節を黒曜石の石刃で削って、そのまま食べたり、煮たりしたのかもしれません。

戦に勝つ魚、勝魚(かつお)とは縁起がいい。サムライの都、お江戸で、勝男武士とはなんとも良い響き。高知や鹿児島で作られた鰹節は、海路、大量に江戸に運ばれたのです。

このように考えれば、大阪、京都にはない立派な鰹節問屋が東京にあるのも頷けます。保存が利くということもあり、戦時中は兵糧食にもなったようです。

鰹節づくりの伝統を守る枕崎へ

今回は、日常からハレの日まで、暮らしに花を添える鰹節の旅。いつものように取材地へ思いを巡らし、鰹節生産量日本一、九州南端の枕崎市に出かけました。

枕崎で鰹節が作られるようになったのは３００年以上前、市内には約50軒の鰹節工場があり、私たちが訪ねたのは、とびきり品質の高い鰹節で知られる宮下鰹節店。大きな加工場に入ると、光が入る部屋の壁側に、長くて分厚い板2枚を作業台にして、黙々と仕事するご家族3人の姿が目に飛び込んできました。しんと張り詰めた空気に、挨拶もせぬまま、しばし見入ります。

　山積みされた、縞がくっきりと残る大ぶりな鰹（5キロほど）の頭を落として内臓を除く。背鰭（せびれ）と背側にある鱗（うろこ）を剥ぎとる。魚を立てて中骨の両側に包丁を入れて3枚に下ろす。さらに血あいに包丁をして背と腹に分け、節身に取る。それぞれの工程は終始無言。滞らぬように、周りを見ながら仕事を先回りして、入れ替わり立ち替わり、長い作業台をフルにいかし、阿吽（あうん）の呼吸で仕事を進めるご一家の姿に見惚れてしまいました。捌きを終えて節身が一定量になれば、脇においたパレットの網棚に、要領よく並べていくのは、奥様の竹根子（ちねこ）さん。剣道家

大きな包丁1本でカツオを捌く宮下誠さん（右）と、そのカツオを茹で上げのための網棚に並べる竹根子さん（左）

であった、腕っぷしの強いご主人の誠さん、息子の瞬さんの仕事も見事ですが、竹根子さんの働きぶりには舌を巻きます。すばやく手を動かしながら、身の良し悪しを瞬時に見極めているそうですが、頭がくるくるよく回転しているのがわかります。

ありがたかったのは、宮下さんが作った鰹節だけを扱うという東京の卸問屋・タイコウの大塚麻衣子さんがたまたま工場にいらしたこと。鰹節作りの基本を細部まで分かりやすく教えてくれました。

鰹節には、煙に燻（いぶ）された「荒節（あらぶし）」と黴（かび）つけされた「枯節（かれぶし）」があります。鰹節を輸送した船底や保管した室（倉庫）で自然に黴が付着してできていたものが、枯節の始まりとか。その後、研究熱心な鰹節問屋によって、もっとも適した黴（鰹節黴）が見つけられるとともに、植菌する方法も確立され、以降、品質の高い枯節を安定して作れるようになったのだそうです（*）。宮下さんの工場では35年前から枯節を作っています。

さて、仕事が進めば順次、小型クレーンで吊り上げたパレットごと大釜に入れ、茹で上げる。大きさによって茹で時間、温度（1時間30分～2時間、85度～95度）を決めて、状態を見て引き上げ粗熱を取ります。その間に鰹の中おちをこそげた生身を別に取っておいて、あらかじめ茹でておいた鰹の身を石臼ですり混ぜてパテを作ります。茹でた節身を手にとってパテで割れ目や骨を抜いた穴を埋め、表面を滑らかにきれいに整えるのです。その後、蒸し器に通して火入れします。これが第一段階の下ごしらえ。すぐ作業場の床、作業台に水を流して、たわしで磨きあげ、清めるように掃除を終えるとお昼になっていました。

ひと息ついた誠さんに話を伺うと、鰹節の良し悪しは何より鰹の鮮度と、ほどよく旨味成分ができあがる熟成期間が大事で、釣り上げたら早く戻ってくる小さな船のものを買いつけるのだそうです。作業場では、朝から一気に魚を下ろして茹で上げる。そして、枕崎の加工組

下ごしらえした
鰹の節身を焙燻
部屋に並べ、煙
で燻す

合では節身以外も無駄にせず、頭は魚油、ハラスは塩物、内臓は塩辛、酒盗、中骨はカルシウム剤にしているそうです。

午後は、前日に下ごしらえした節身を燻します。工場内にある3階建ての焙燻部屋（急造庫）で、地下に6つの火床を設けて雑木を燃やし、扉をピシャリと閉めて、もくもくと煙を充満させます。1日に2度火焚きして、荒節なら3週間、本枯節になるものはなんと4週間、毎日燻し続けるそうです。仕事の合間を見てお天気が良ければ、加工場横の広場に黴つけ倉庫から取り出した鰹節を、順次広げて天日に当てます。3カ月ほど干し上げて出荷するそうです。

豊かな自然を背景にした日本の食文化は、こうした職人仕事に支えられているのだと改めて学びました。

＊　1982年、にんべん研究開発部が鰹節優良黴を選定した

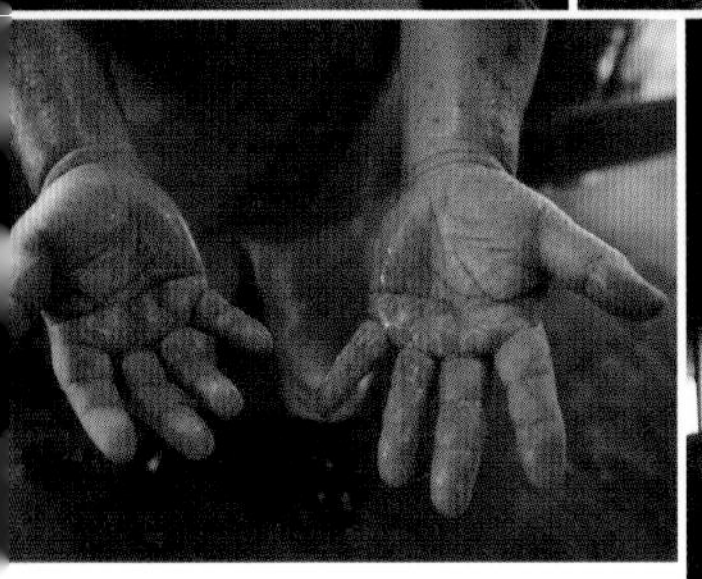

宮下誠さんの鰹節は香り高く、雑味なく澄んだ味わい。製造過程は、まるで工芸品をつくるように丁寧かつ繊細で、宮下さんの鰹節でなければ、という鰹節専門店や鰹節卸店からの引き合いも強い

南蛮渡来の甘いもの

長崎にもたらされた砂糖が生んだお菓子の道

長崎県長崎市・平戸市

長崎に「シュガーロード」というのがあると聞きました。私が旅先について詳しく調べることをしないのは、初見の鮮やかな印象を損ないたくないからです。テレビのロケでも、事前に調べたディレクターの話を聞いてしまうとだめなんです。旅先の出会いから、小さな気づきが連鎖して、好奇心がむくむく膨らんでくると、どんどん嬉しくなります。そのコツは、あまり期待もせず、何となくぼんやりと休暇、いやお仕事を楽しむ感じです。今回も、「砂糖の道」の意味をよく理解せず、ポルトガルやオランダから伝わった材料や南蛮菓子をもとに、工夫した菓子を売る店が幹線沿いに、何軒も並んでいるのかな、くらいに思っていたところから旅は始まります。

カステラの老舗、福砂屋本店。風格ある店構えで、訪れる客が絶えない

南蛮渡来、カステラの老舗へ

早朝の便で羽田をたって長崎空港へ。1時間ほど車を走らせ、長崎市内に入り思案橋（しあんばし）電停から150メートルのところにある、創業1624（寛永元）年の福砂屋（ふくさや）本店に到着。ポルトガル人から直接作り方を習ったというカステラの老舗です。周囲を見渡すと、目に留まったのは石造りの異国情緒溢れる長崎警察署丸山町交番の3階建てのレトロな建物。惹かれましたが、よそ見せず、気持ちを福砂屋に向けました。

この家のカステラは私のマラソンの記憶を呼び起こします。オリンピックメダリスト有森裕子さんから、マラソンを走る前には滋養があって食べやすい「カステラ」を食べると聞いて以来、走る前にはカステラと決めたからです。福砂屋のカステラはデパートに行けば必ずあるし、若者に人気のスポット中目黒にも立派な東京工場と店舗があるのです。

絵はがきになった栞をよむと、創業以来、長い時をかけて鍛えぬいた職人の「手わざ」、「一人一貫主義」とあるので、工場というより大工房というほうがふさわしいように思います。

「しっとり」、「ねっとり」、少し「もっちり」、「じゃりじゃり」と擬音語を重ねる食感は、日本人の大好物ですね。それにしても、明治初期に建て替えられた伝統的な商家建築の福砂屋本店は構えがいい。

「ほんま、ええ顔してるなあ」。

門扉の上に大屋根と同じ長い下屋（屋根）が美しい。その下屋の傾斜角度が絶妙で、頭を少し下げたような感じがして、威張らず品がよいのです。

お土産はどこでも買えますが、建物の中はどうなっているのかと、知りたくなるでしょう。外見は漆喰（しっくい）の白と木と瓦の黒に対して、内装は土壁と柱の黒のコントラスト、商品ケースの朱色が際立ち、古さ新しさのバランスは重すぎず軽すぎず見事です。奥にある南蛮渡来の店主のコレクションも見どころ。穏やかな光にかがやくギヤマンの色ガラスがずらり、ブルーのビロードに鋲を打つS字ラインのかわいい椅子が置かれた宝石箱のような部屋は、カステラを伝えた西洋に対する敬意の表れでしょう。この時代の長崎の人々の異国文化の受け取り方のセンスの良さに感心しますね。日本の高い美意識の上に西洋を取り込んだ調和美ですね。当時の長崎の人々は偉かったと思います。いいものを見せていただいて、得した気分になって福砂屋を後にし、明治時代に、屈指の人気を誇ったという老舗の和菓子屋さんに向かいます。

ちぎって食べるのが長崎流

勝山町中通り商店街、めがね橋近くにある、創業１８３０（天保元）年の御菓子司　岩永梅寿軒（いわながばいじゃけん）。冠に御菓子司とあるのは、白砂糖の使用を認められた位の高さの証です。岩永梅寿軒の銘菓は、求肥と昆布を使った長崎らしい「もしほ草」、中国的な桃の長寿の縁起にちなんだ

岩永梅寿軒のカステラ

「桃カステラ」「桃求肥」など、日明貿易でもたらされた材料や技術を生かした独自のお菓子があります。岩永梅寿軒は、店舗を増やさず、大きくしないで一つひとつのお菓子を丹念に作ってきたことが評判になりました。品質を落とさないために注文生産と店売りの対応を決めています。

菓子のおいしさをなにより大切にされている、長崎菓子に詳しい6代目当主・岩永徳二さんからお話を伺いました。カステラは、「パン・デ・ロウ」というポルトガルの菓子を基にして、長崎の人が作り上げたものです。結晶状の原料糖を加工して、上の字をつけたのが「上白糖」と初めて知りました。要するに、上白糖は日本の砂糖です。ケーキのスポンジはグラニュー糖で作るもので、上白糖のことはその代用品くらいに考えていました。上白糖って放置するとすぐに固まるでしょう、心得がないと扱いにくいものなんです。上白糖を使うからしっとりするそうです。カステラによく似たスポンジケーキの材料は、グラニュー糖と卵と小麦粉と牛乳。カステラもてっきり同じだろうと思っていたのですが、なんと、牛乳は使わない。ちなみに岩永梅寿軒では水を加えます。明治以降はさらに柔らかくするために水飴を入れるようになったようです。また、ジャリジャリするザラメを底に使わないと長崎カステラとは言わないそうです。

必要最小限の材料で、極めてシンプルに焼き上げます。金属製の型に流して焼き上げるのだろうと思っていたのですが、今でも、型は木の枠に紙で底を作るのだそうです。鉄の板に鉄の蓋をかぶせて蒸し焼き、紙や木が燃えないほど柔らかな火加減にして、均一に火が入るように、途中でゆっくり3、4回かき混ぜて約1時間で焼き上げます。昔の熱源は炭、温度計もタイマーもなし。温度が高いと感じれば、蓋の上に灰をまいて、温度を調整したようです。勘だけで焼き上げたというのですから驚きです。このカステラは豆腐ですね。ピシッと角がたった美しさはまさに日本美、カステラの角を損ねては売り物にはなら

岩永梅寿軒当主の岩永徳二さんから、〝ちぎりカステラ〟の贅沢を教えてもらった土井さん

ないのです。切り落とした端っこはお客さまに差し上げることはあっても、代金はいただきません。

岩永梅寿軒のカステラは切らないで、一本を皆で、ちぎりながら食べる方が、美味だそうです。何切れに切るなんてことも考えないでよい、とおっしゃるので、やってみると、これは、事実の本当（二重肯定）です。端正なカステラ一本「ちぎり食い」。ぜひやってみてください。「潔さ」という最上の美意識が味わえることと思います。「当店のカステラの作り方は、福砂屋さんのご親戚の方から教わったと父から聞いています」と岩永さん。滋養のあるカステラは当時の病院の患者さんに配られたようです。日本最初の西洋焼菓子の製法は、薬として全国に広まりました。それぞれの土地に根付き、さまざまに工夫され、マルボウロウ、どら焼き、人形焼、露店の屋台で売られるベビーカステラにもなったのです。その製法を秘密にせず誰にでも「惜しみなく伝える心」もまた、長崎にやってきた宣教師たちが、もたらしたものでしょ

平戸市の海沿いには雰囲気のよい蒲鉾店や古道具店が立ち並ぶ

う。

司馬遼太郎の『南蛮のみち　Ⅰ』（街道をゆく22）にはこうあります。

南蛮文化とか南蛮美術、南蛮屏風、南蛮絵、南蛮鐔、南蛮菓子とかいう「南蛮」とはなにかということをこの旅で感じたい、ということである。（中略）

南蛮文化の渡来が、具体的に人間のかたちをとったものとしては1543（天文12）年、種子島に漂着したポルトガル人たちである。（中略）種子島の砂浜に鉄砲をたずさえた異相のひとたちがあらわれてから6年後に、志と計画をもって日本に上陸したのが、宣教師フランシスコ・ザビエルである。以後、宣教師、商人が陸続として日本にきた。

かれらが日本にもたらしたのは鉄砲とカトリックだけでなく、好奇心旺盛なこの島国に、有形無形の影響を残した。（中略）

フランシスコ・ザビエルも来航した平戸港

ともかく以上の事件は、ポルトガル人にとっても大事件だった。かれらは日本を「発見」したのである。

500年前から伝わる黄金の菓子

その後、フランシスコ・ザビエルが日本の中央への布教を試みるまで過ごしたのが、平戸です。平戸は、16世紀から17世紀にかけて、ポルトガルや中国、オランダ、イギリスなどを相手に貿易港として、もっとも早くから栄えていました。当時、平戸を治めていた松浦家の政治力あってのこと。キリスト教を受け入れ、南蛮貿易はさかんになり、平戸にさらなる富をもたらしました。後年、松浦家当主によって、武家茶の一流を興すほどに平戸は文化を誇ったのです。松浦史料博物館のきれいに残された貴重な文物は3万点にもなるそうです。見事に保存された展示は見応えがあり、歴史が激動した時代にトランスするようでドキドキします。

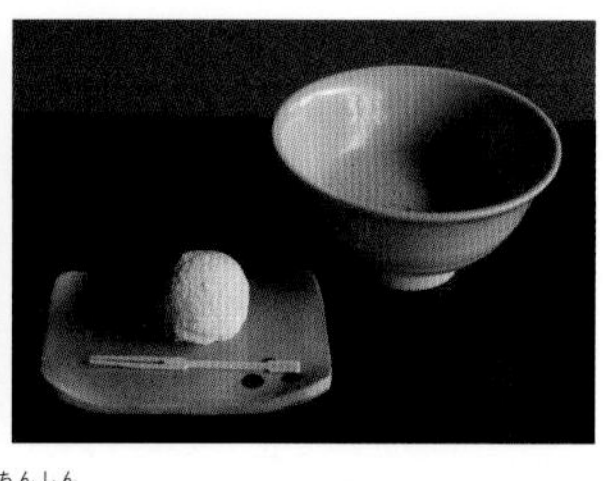

松浦史料博物館の敷地内には、鎮信（ちんしん）流茶道の茶室「閑雲亭」があり、平戸で愛される伝統菓子「烏羽玉（うばたま）」（写真）、「カスドース」とお茶がいただける

平戸には、松浦家の御用菓子を務めた1502（文亀2）年創業の蔦屋が今もあるのです。蔦屋さんのショーケースには様々に工夫された菓子がならんでいます。その中に目当ての「カスドース」という南蛮菓子もありました。角切りのカステラを卵黄にくぐらせ、熱い糖蜜にくぐらせ砂糖にまぶした珍しい菓子です。貴重な卵、それも卵黄のみと、金と同じ価値があった砂糖をたっぷり使って、当時なら、庶民には手の届かぬほどに贅沢なお菓子だったと思います。ああ、懐かしい卵のお菓子「鶏卵そうめん」を思い出した。これもジャリジャリとした食感があります。これは「黄金、のべ棒」ですね。その昔マルコ・ポーロが見た黄金の国ジパングに、南蛮人たちは思いを重ねていたのかもしれません。

その後、キリスト教の禁止令、潜伏キリシタンの弾圧を経て、平戸にあったオランダ商館は出島に移り、出島は砂糖島と呼ばれるほど大量の砂糖に溢れたと言います。子供の頃、祝いの日に、鯛をかたどった平戸蔦屋の菓子。砂糖をまぶした黄金色の菓子がカスドース。遠い昔、甘くて愛らしい南蛮菓子を目にした日本人の驚きはいかばかりだっただろう。数百年の時を経て、平戸、長崎にはいまも南蛮由来の甘いものが作りつづけられ、訪れる人々を笑顔にしている

白砂糖が家に届けられたことを思い出しました。甘い砂糖は縁起物であり、高価なことから「白い黄金」とも言われたのです。

この長崎街道「シュガーロード」をめぐる旅は、私の中で時空を超えた壮大な旅となりました。平戸城の天守閣に登って大海を望むと、沖のまだ向こうの未知の世界から、音もなく寄せてくる南蛮船の姿を見た人々の心がわかるような気がします。

ANJIN

本書は東海道・山陽新幹線グリーン車搭載誌「ひととき」で２０１８年12月号～連載中の「おいしいもんには理由がある」から抜粋・転載したものです。

本 二鶴
tel.06-6211-4576
大阪府大阪市中央区宗右衛門町 5-25

森野吉野葛本舗
tel.0745-83-0002
奈良県宇陀市大宇陀上新 1880

中国・四国

高知の日曜市
tel.088-823-9456(高知市商工観光部産業政策課街路市係)
高知県高知市追手筋 2

JA 三原せとだ直販センター
tel.0120-26-3051
広島県尾道市瀬戸田町中野 408-82

完熟農園おがわ(小河章壮さん)
tel.0845-27-0562
広島県尾道市瀬戸田町高根 382

特別史跡 旧閑谷学校
tel.0869-67-1436
岡山県備前市閑谷 784

五味の市(日生町漁業協同組合直売所)
tel.0869-72-3655
岡山県備前市日生町日生 801-8

お好み焼きほり
tel.0869-72-0045
岡山県備前市日生町日生 886-5

九州

星野製茶園
tel.0943-52-3151
福岡県八女市星野村 8136-1

タイコウ(宮下誠さんの鰹節を扱う鰹節問屋)
tel.03-3533-4834
東京都中央区晴海 3-4-9

御菓子司 岩永梅寿軒
tel.095-822-0977
長崎県長崎市諏訪町 7-1

松浦史料博物館
tel.0950-22-2236
長崎県平戸市鏡川町 122

平戸蔦屋
tel.0950-23-8000
長崎県平戸市木引田町 431

北海道・東北

えりも漁協販売店
tel.01466-2-3939　北海道幌泉郡えりも町字本町650
＊えりも町の昆布漁師が出荷する昆布を販売

山菜料理 出羽屋
tel.0237-74-2323
山形県西村山郡西川町大字間沢58

関東・中部

鮒佐
tel.03-3851-7043
東京都台東区浅草橋2-1-9

豆処 生形
tel.043-444-0205
千葉県八街市八街に95

伊藤国平商店（いとうピーナッツ）
tel.043-444-1125
千葉県八街市八街ほ35

まるや八丁味噌
tel.0564-22-0222
愛知県岡崎市八帖町往還通52

大友楼
tel.076-221-0305
石川県金沢市尾山町2-27

飛騨山椒
tel.0578-89-2412
岐阜県高山市奥飛騨温泉郷村上35-1

近畿

赤福本店
tel.0596-22-7000
三重県伊勢市宇治中之切町26

元祖阪本屋
tel.077-524-2406
滋賀県大津市長等1-5-21

沖島漁業協同組合
tel.0748-33-9511
滋賀県近江八幡市沖島町43
＊オンラインショップあり

湯木美術館
tel.06-6203-0188
大阪府大阪市中央区平野町3-3-9

高麗橋吉兆本店
tel.06-6231-1937
大阪府大阪市中央区高麗橋2-6-7

堀河屋野村
tel.0738-22-0063
和歌山県御坊市薗743

九重雜賀
tel.0736-66-3160
和歌山県紀の川市桃山町元142-1

総本家駿河屋
tel.073-431-3411
和歌山県和歌山市駿河町12

吉野寿司
tel.06-6231-7181
大阪府大阪市中央区淡路町3-4-14

たこ竹
tel.06-6881-2200
大阪府大阪市北区松ケ枝町1-29　貴王松ケ枝ビル1階

土井善晴（どい よしはる）

料理研究家。1957（昭和32）年、大阪生まれ。おいしいもの研究所代表、十文字学園女子大学特別招聘教授、甲子園大学客員教授、東京大学先端科学技術研究センター客員研究員などを務め、「きょうの料理」（NHK）などに出演する。著書にベストセラー『一汁一菜でよいという提案』（新潮社）など。2022年度文化庁長官表彰受賞。

おいしいもんには理由（わけ）がある

2023年8月20日　第1刷発行

著者　土井善晴

アートディレクション　佐藤 卓（TSDO Inc.）
装丁・本文デザイン　日下部昌子（TSDO Inc.）
写真　岡本 寿
カバーイラスト　くぼあやこ

発行者　江尻 良
発行所　株式会社ウェッジ
東京都千代田区神田小川町一丁目3番地1
NBF小川町ビルディング 3階
電話 03-5280-0528
FAX 03-5217-2661
https://www.wedge.co.jp/
振替 00160-2-410636

組版　株式会社リリーフ・システムズ
印刷・製本所　株式会社暁印刷

※定価はカバーに表示してあります。 ISBN978-4-86310-270-5 C0095